101 SACHEN MACHEN

ALLES, WAS MAN ZWISCHEN
FILS-, REMS- UND MURRTAL
ERLEBT HABEN MUSS

Meinen Kolleginnen und Kollegen an der Nikolauspflege gewidmet: Janni, Julia, Klaus, Cathrin, Sabine, Matthias, Britta und allen anderen

UTE FRIESEN

101 SACHEN MACHEN

ALLES, WAS MAN ZWISCHEN

FILS-, REMS- UND MURRTAL

ERLEBT HABEN MUSS

SILBERBURG

INHALT

VORWORT

Zwischen Fils, Rems und Murr wird viel gearbeitet. Aus dieser Region stammen die Stihlsäge, der WMF-Kochtopf, das Weru-Fenster. Von hier gehen Automobilzubehör, Arzneimittelverpackungsmaschinen, Sicherheitsventile, Thermostate und Luftschleusen in die Welt. Die B10 und die B29 sind ausgebaut und viel befahren wie andernorts in Deutschland Autobahnen. IC-Züge und ICEs rauschen durch die Täler. Jede Stadt hat mehrere Industriegebiete. Mannshohe Plakatwände werben um Bewerber als Industriemechanikerinnen oder Zerspaner. Die Region ist wohlhabend.

Die Kreise Rems-Murr, Göppingen und der westliche Teil der Ostalb sind Teil der Metropolregion Stuttgart, in der insgesamt etwa 5,2 Millionen Menschen leben. Direkt in den Tälern, an Fils, Rems und Murr, ist es bunt, multikulturell, vielfältig. Es ist eine internationale Region mit kurzen Wegen, mit gutem Nahverkehr, mit Sehenswürdigkeiten, Museen und Freizeitangeboten an jeder Ecke. Und doch sind es oft nur wenige Meter den Hang hinauf zu Weinbergen, Streuobstwiesen, Felsen, Wäldern, an Bächen klappernden Mühlen und zu einer ländlichen Idylle.

Dieses Buch lädt Sie ein, 101 Sachen zu machen zwischen Fils, Rems und Murr, Sachen zu machen in den Orten und Kleinstädten entlang der drei Gewässer, und Sachen zu machen im Grünen! Die Gegend zwischen Fils, Rems und Murr bietet alles – und alles in Fülle!

ADELBERG

MÄRCHEN LAUSCHEN

Walderlebnispfad am Herrenbachsee

Walderlebnispfade wurden in den letzten Jahren von vielen Gemeinden angelegt, um Kindern auf unterhaltsame und aktive Weise eine Prise Umweltbildung zu verabreichen. Die meisten dieser Erlebniswege zielen darauf ab, die Natur für Kinder und Erwachsene begreiflich zu machen. Und das ist auch dem Pfad um den Herrenbachstausee ein Anliegen, auf dem anhand eines aufgeschnittenen Baumes erklärt wird, welche Auskunft Jahresringe geben, oder anhand eines Wörtersuchrätsels Tiernamen zusammengepuzzelt werden können. Sehr verlockend ist der Weg durch das Unterholz. Es sind Tafeln mit den Pfotenabdrücken verschiedener Tierarten aufgestellt, deren Attrappen man im Wald erspähen kann. Matschhosen empfehlen sich, denn kein Kind wird es sich nehmen lassen, in die Rolle eines Fuchses zu schlüpfen und auf allen vieren den vergrößerten Fuchsbau zu erkunden.

Ein Schwerpunkt des Pfads, der an der Herrenmühle beginnt, ist es, den Wald als einen Ort der Märchen und Mythen zu erfahren. Ein Labyrinth aus Stämmen führt zu einer Prinzessinnenplastik aus Metall. Auf einer Begleittafel wird das Leben als Labyrinth gedeutet. An einem Märchenbrunnen liegt ein Buch aus witterungsbeständigem Stahl bereit, um sich gegenseitig eine für Kinder vereinfachte Geschichte von Leo Tolstoi vorzulesen. Ein Zerrspiegel zeigt den Betrachter als kleinen Kobold, der in einem Wunderwald auf ein hölzernes Krokodil, Riesenpilze und Geister trifft.

Der Weg hat zwölf Stationen und ist etwa drei Kilometer lang. Der Rundweg um den See, zu dem die Nebenwege immer wieder zurückkehren, ist auch für Rollstuhl, Rollator und Kinderwagen gut geeignet.

Der See wurde einst künstlich angelegt, um das Wasser bei Starkregen zu speichern und Überschwemmungen zu vermeiden. Das Baden ist im See allerdings verboten, denn starke Unterwasserströmungen stellen eine erhebliche Gefahr für Schwimmer dar. Der See stammt aus den 1970er-Jahren. Da war die nahe gelegene Mühle schon mindestens 500 Jahre alt.

LAGE: Gasthof Herrenmühle, Herrenmühle 1, 73099 Adelberg

HALTESTELLE: Adelberg, Abzweigung Kloster (Bus 260 ab Göppingen oder Schorndorf ZOB)

LAGE: Pizzeria Klosterhof, Fam. Serra, Kloster 1, 73099 Adelberg; ca. 100 m von der Ulrichskapelle

ÖFFNUNGSZEITEN: **Pizzeria:** dienstags bis samstags 17.00–23.00 Uhr, sonntags 11.00–14.00 und 17.00–23.00 Uhr; **Ulrichskapelle:** sonntags und feiertags im Sommer von 14.00–16.00 Uhr, im Winter bis 17.00 Uhr

HALTESTELLE: Adelberg, Abzweigung Kloster (Bus 260 von Göppingen oder Schorndorf)

ADELBERG

RAVIOLI GENIESSEN

Kloster Adelberg

Ehe man am Sonntagnachmittag die Ulrichskapelle besichtigt, lohnt es sich, im Klosterhof einzukehren. Das italienische Restaurant bietet sehr gute, frisch zubereitete Gerichte, auch Ungewöhnliches wie etwa Ravioli mit Ziegenfrischkäse-Honig-Füllung, serviert mit Salbeibutter. Der Pizzaofen befindet sich im Gastraum, man kann also dem Bäcker wunderbar bei der Arbeit zusehen. Alles ist sauber, und die Wirtsleute sind herzlich, die Pizzeria ist beliebt, weswegen sich eine Tischreservierung empfiehlt. Im Sommer ist durch den Biergarten etwas mehr Platz.

Das Kloster Adelberg war ein wichtiges Kloster in der Zeit der Stauferkaiser. Heute stehen immerhin noch Teile der Außenmauern aus dieser Zeit. Kaiser Friedrich I., genannt Barbarossa, stellte am 25. Mai 1181 dem Kloster Adelberg ein Schutzprivileg aus und kam 1187 oder 1188 selbst hier in Adelberg vorbei, ehe er zu einem Kreuzzug Richtung Jerusalem aufbrach.

Im Kloster Adelberg hielten sich neben dem Kaiser andere wichtige Persönlichkeiten auf, als Schüler der Klosterschule etwa der Astronom Johannes Kepler. Gewohnt hat hier auch der Prälat und Generalsuperintendent Balthasar Sprenger (1724–1791), der als erster Deutscher Versuche unternahm, Sekt herzustellen. Wer noch mehr über die Klostergeschichte wissen will, dem hilft die Ausstellung in der Klostervilla weiter.

Das Sehenswerteste des Klosters ist der Altar der Ulrichskapelle. Es ist das einzige Altarwerk des Ulmer Künstlers Zeitblom. Der in Nördlingen geborene Bartholomäus Zeitblom war um 1500 der gefragteste Maler in Ulm und weit darüber hinaus. Er hatte in eine florierende Werkstatt als Meister eingeheiratet. Vermutlich war der Künstler 1519 unter den Opfern der Pestepidemie. Das Altarwerk hat sich in nahezu originalem Zustand und am ursprünglichen Ort erhalten. Der Altar besitzt, wie es bei den spätgotischen Wandelaltären üblich ist, eine Werktags- und eine Sonn- und Feiertagsseite. Die äußeren Flügelgemälde zeigen links die Geburt Christi im Stall zu Bethlehem mit der Verkündigung an die Hirten im Hintergrund, rechts die Anbetung des Kindes durch die Heiligen Drei Könige. Auf den Innenseiten der Altartafeln ist links die Verkündigung Mariens und rechts die Krönung Mariens durch Gott Vater und Christus dargestellt.

ALLMERSBACH IM TAL

VOLKS-WANDERN

Wandern, Gussofen- & Baumgalerie

Es gibt sie noch: Wanderurkunden! Die Berg- und Wanderfreunde Allmersbach im Tal, die Teil des Deutschen Volkssportverbandes sind, unterhalten permanente Wanderwege, die direkt an ihrem Vereinsheim am Sporterlebnispark Allmersbach beginnen, der zum Trampolinhüpfen, In-Hütten-Campen, zum Wassertreten, Boulen und Bouldern sowie Basketballspielen einlädt.

Täglich außer montags kann man ab 11:30 Uhr im Wandertreff Waldeck eine Startkarte erwerben und erhält bei der Rückkehr einen Stempel ins Wertungsheft. Für die Erfüllung der PW- (permanente Wanderwege-)Sonderwertung bedarf es der erfolgreichen Teilnahme an wahlweise 10, 25 oder 40 Wanderungen auf diesen Wegen innerhalb und außerhalb Deutschlands. Wie schnell man wandert, ist egal, ebenso die Zahl der Pausen. Es geht lediglich darum, etwas für die »Volksgesundheit« zu tun. Und die kann man z. B. auf der »Bürg-Runde« stärken, einem 11 km langen Wanderweg, dessen Wegbeschreibung man ebenfalls im Wanderheim oder auf dem Rathaus bekommt. Der Weg mit wunderschönen Aussichten auf die Backnanger Bucht, den Raum Ludwigsburg und Stuttgart führt durch Streuobstwiesen und Wald.

Wo der Weg zum ersten Mal links, dem Waldrand folgend, abbiegt, kann man nach rechts einen Abstecher nach Allmersbach machen und auf der Stiftswaldstraße wieder rechts ins Reutle gehen. Im Haus 46 stellt Günter Wulf eine Sammlung gusseiserner Öfen und von ihm hergestellter Bäume aus Kupferdraht aus, die er feuerverzinnt, um sie vor Grünspan zu schützen. Aus Zinn bildet er je nach Baumart auch schorfige und glatte Rinden nach.

Kabel zu löten war Wulfs berufliche Aufgabe. Im Ruhestand widmet er sich nun seinen Lieblingsmaterialien, um aus an sich für technische Zwecke verwendeten Drähten organische Gebilde zu machen, die teils für versilberte Bonsais gehalten werden. Für seinen größten Baum hat er 23 Kilogramm Kupferdraht verarbeitet und verzwirnt.

Unter den Öfen ist der älteste von 1720. Am Dekor der Öfen kann man ihre Entstehungszeit erkennen. Einen Jugendstilofen zieren Mohnblumen, ein Ofen von 1820 hat eine Lyra als Motiv. Zu sehen gibt es Säulenöfen, Etagenöfen, Aufsatzöfen, Kochöfen, Füllregulieröfen aus dem Historismus mit antiken Dekoren und Kastenöfen. Alle Öfen sind von deutschen Hüttenwerken gefertigt worden.

LAGE: **Wandertreff Waldeck**, Schorndorfer Straße 70, 71573, Allmersbach im Tal; **Günter Wulf**, Im Reutle 46, 71573 Allmersbach im Tal

ÖFFNUNGSZEITEN: **Wandertreff:** täglich außer montags ab 11.30 Uhr; **Wulf:** dienstags und donnerstags 10.00–17.00 Uhr oder nach Vereinbarung unter Tel. 07191-52542

HALTESTELLE: Allmersbach im Tal, Schule (Bus 381 von Backnang Richtung Strohhof Althütte oder Bus 383 Richtung Unterweißach)

BACKNANG

GETTO-WORKOUT

Calisthenics-Station und Grillstelle

Die Bronx im Plattenwald? Calisthenics oder Eigengewichtsübungen sind ein Sport, der in den USA, schwerpunktmäßig in New York, entstand, wo sich in Parks an Klimmzugstangen und Leitern Menschen für Fitnesstraining an der frischen Luft treffen – meist allerdings in der Stadtluft. Calisthenics ist ein Kraftsport, der Elemente des Parcours, des Breakdance und des klassischen Turnens vereint. Calisthenics-Gruppen, die ihren Sport teilweise als Getto-Workout bezeichnen, stellten Videos ins Internet, die zuerst in Osteuropa beachtet wurden. In Deutschland kam 2013 bei Galileo der erste Fernsehbeitrag über Calisthenics, allerdings gibt es hier bisher wenige Orte, an denen man es betreiben kann. Backnang hat die Nase vorn mit gleich zwei Calisthenics-Stationen, einem an der S-Bahn-Haltestelle in Maubach.

Das andere Backnanger Outdoor-Gym am Plattenwald verfügt über mehrere Klimmzugstangen, Doppelbarren, Hangelleiter, Sprossenwand und eine Art Devilsladder. Für solche, die sich nicht bei YouTube fortgebildet haben, werden auf einer Tafel Vorschläge für für verschiedene anspruchsvolle Übungen gemacht, die alle der eigenen Fitness dienen.

Im Plattenwald fühlt man sich nicht gerade wie im Getto. Kein Haus ist zu sehen. Aber wenn man schon auf urbanes Flair verzichten muss, so kann man sich hier nach dem Training an der Grillstelle stärken und die Kinder auf dem wunderbaren, großen Waldspielplatz toben lassen, der eine Seilbahn, verschiedene Schaukeln und Klettergeräte und eben auch Klimmzugstangen für Kinder bietet.

Nicht aus den USA, sondern aus der Schweiz stammt die Idee zu einem Vita-Parcours, einem Trimm-dich-Pfad in der Nähe des Grillplatzes. Die Vita-Parcours mit ihren blauen Erklärungsschildern genossen ihre größte Popularität in den 1970er-Jahren. In den 1990er-Jahren galten sie als altmodisch, und viele Gemeinden ließen ihre Pfade verkommen. Heute gibt es ein Revival der Trimm-dich-Pfade und der Bewegung ohne Verein und ohne Zeitvorgabe in der freien Natur. Der Pfad in Backnang ist noch gut in Schuss – ganz bei der Stange geblieben!

LAGE: Grillstelle Plattenwald, Häfnersweg, 71522 Backnang

HALTESTELLE: Backnang Weidenweg (Bus 362 vom ZOB Backnang Richtung Tausgymnasium)

BACKNANG

WILD FÜTTERN

Wildgehege

Während in vielen Tierparks das Füttern verboten ist, ist es im Backnanger Wildtiergehege, das sich in der Nähe des Waldfriedhofes befindet, ausdrücklich erlaubt. Es gibt allerdings keinen Futterautomaten. Das Futter muss mitgebracht oder vor Ort gesammelt werden: Äpfel, Kastanien, Eicheln oder Gras fressen die Tiere gerne. Sie lieben auch Rüben, Mais und Hafer. Von kleinen Holzplattformen, auf die Treppenstufen führen, kann das Futter hinter den Zaun geworfen oder direkt an die Waldtiere abgegeben werden. Zum Beobachten der Tiere sind die Holztürme auch bestens geeignet.

Dass man manchmal Geduld braucht, bis die Tiere erscheinen, hängt damit zusammen, dass sie sich bei Bedarf auch zurückziehen können, um ungestört zu sein. Durch das Tal führt ein Geländeeinschnitt, der von außen nicht einsehbar ist.

Wenn die Tiere beim nächsten Besuch anders aussehen, so sind es immer noch dieselben Exemplare: Das Damwild wechselt zweimal im Jahr die Fellfärbung. Im Juni, bei der Sommerfärbung, ist die Oberseite rötlich hellbraun mit weißen Flecken. Nur ein Mittelstrich auf dem Rücken ist schwarz, die Unterseite weißlich; bei der Winterfärbung ist die Oberseite dunkelbraun. Im Gehege gibt es einen älteren männlichen Damhirsch mit einem auffälligen Schaufelgeweih – herrlich anzuschauen!

Weitere Bewohner des Wildgeheges sind Mufflons. Das auffallendste Merkmal der Mufflons sind die dicken, nach hinten gedrehten und spiraligen Hörner. Auch die Mufflons haben ein Sommer- und ein Winterfell: Im Sommer erscheint das glatte Fell braun oder rötlich braun, im Winter hingegen fast schwarz oder graubraun. Die Männchen tragen im Winter einen Fleck, der sich von der Rückenmitte ausgehend auf beiden Körperseiten zeigt.

Rund um das Wildgehege verläuft ein Weg, der allerdings nur an zwei Seiten kinderwagen-, rollstuhl- und rollatortauglich ist. Bänke laden dazu ein, die Tiere für einen längeren Zeitraum zu beobachten – oder abzuwarten, bis sich im Wald etwas regt.

LAGE: Wildtiergehege, Kreuzhau, 71522 Backnang

HALTESTELLE: Backnang Waldfriedhof (Bus 368 vom ZOB Backnang Richtung Backnang Staigacker)

LAGE: Technikforum Backnang, Wilhelmstraße 32, 71522 Backnang

ÖFFNUNGSZEITEN: sonntags von 14.00–17.00 Uhr, dienstags von 9.00–12.00 Uhr (außer an Feiertagen)

HALTESTELLE: Backnang Etzwiesenbrücke (Bus 367 vom Bahnhof Backnang Richtung Kleinaspach Sonnenhof)

BACKNANG

MORSEN, FUNKEN, WEBEN

Technikforum

Das Technikmuseum in Backnang lebt von seinen Ehrenamtlichen. Erst sie bringen mit ihren Erklärungen Ordnung in das, was aus der Backnanger Industriegeschichte zusammengetragen wurde – und sie bringen sogar die Maschinen im Museum zum Laufen. Die Ehrenamtlichen tun das gerne, denn man soll als Besucher nicht nur vor toten Exponaten stehen, sondern lebendige Geschichte erfahren. Das geschieht auch über die funktionstüchtige Amateurfunkstation, die zwar keine besonders starke Antenne besitzt, aber mit der man tatsächlich kommunizieren kann. Seit dem 22.3.2016 sind die Amateurfunker des Technikforums auf Frequenzen von 3,5 MHz bis 440 MHz mit Sprechfunk, Telegrafie (morsen), Bildfunk, fernschreiben und anderen digitalen Betriebsarten einsatzbereit!

Fernmeldetechnik ist auch eines der Lieblingsthemen der Kinder, die zu Technikkursen ins Technikforum kommen. Ihre einfachen, aber mit Fingerspitzengefühl gebauten und bedienbaren Morsegeräte können zum Einsatz kommen – und von den Besuchern bestaunt werden. Ein weiteres Highlight aus dem Bereich Nachrichtentechnik ist eine funktionsfähige elektromechanische Ortsvermittlungsanlage aus den 1950er-Jahren. Sie im Technikforum zu verkabeln, war eine Herausforderung, die nur von Technikern im Ruhestand, sprich mit dem alten Wissen zu bewältigen war.

Die einst florierende Lederindustrie zeigt ebenfalls ihre Relikte, zu sehen sind alte Gerbfässer sowie Pressen, die durch Druck mithilfe einer Dampfmaschine aus Leder feste und strapazierfähige Schuhsohlen machen.

Die Abteilung Kaelble präsentiert in der Ausstellung Motoren und Fahrzeuge, u. a. verschiedene Straßen- und Gehwegwalzen, einen Schaufellader und eine Zugmaschine. An aufgeschnittenen Modellen, die vom Museumsteam in Gang gesetzt werden, kann man die Bewegung der Kolben im Motor sehen. Die Abteilung Spinnerei zeigt die Entwicklung vom restaurierten Handwebstuhl bis zum vierschützigen Jacquardwebstuhl. Anhand eines Jaquardbildes kann man erkennen, wie kunstvoll und fein man mit der Maschine präzise Muster in den Stoff einweben konnte.

Die Zeiten der Gerberei, Spinnerei, des Fahrzeugbaus und der Nachrichtentechnik sind zwar in Backnang vorbei, im Technikforum leben sie weiter!

BAD DITZENBACH

QUALITÄTVOLL WANDERN

Hiltenburg und Buschelkapelle

Beschildert ist der insgesamt 113 Kilometer lange Wanderweg »Albtraufgänger« mit einem schwarzen T auf gelbem Grund. Er ist als Qualitätsweg »wanderbares Deutschland« ausgezeichnet. Von der Touristeninformation in Bad Ditzenbach führt die sechste Tagesetappe über die Ruine Hiltenburg, die Schonterhöhe und die Buschelkapelle sowie die Ave-Maria-Kirche nach Deggingen, von wo Sie wieder Anschluss mit dem Bus nach Geislingen haben.

Die Etappe hat das Motto: »Da siesch ebbes« – also: »Da bekommst du etwas zu sehen.« Feste Schuhe und ein wenig Kondition braucht es schon für die etwa zwölf Kilometer und 380 Meter Anstieg, doch die beeindruckenden Aussichten sind es wert.

Die Hiltenburg wurde zwischen 1200 und 1250 errichtet, wer allerdings die Bauherren waren, bleibt im Dunkeln. Die erste urkundliche Erwähnung erfolgte 1289 als Sitz eines helfensteinischen Amtmannes, ab 1396 wird die Burg Hauptsitz der Helfensteiner. Zerstört wurde die Burg von den Truppen Ulrichs von Württemberg. Warum? Auch das ist nicht eindeutig überliefert. Der Bergfried der Hiltenburg – bzw. seine Reste – dienen als immer geöffnete Aussichtsplattform. Vermutlich war dieser Turm von Anfang an nicht zur Verteidigung der Anlage errichtet worden, sondern zur Überwachung des Tals. Als Einkehr bietet sich das Gasthaus Burgruine Berneck an, in dem es neben guter schwäbischer Hausmannskost auch Rauchfleisch und Dosenwurst to go gibt. Die Gaststube präsentiert sich rustikal mit einer alten Musikbox an der Wand. Im Sommer wird auch draußen bewirtet.

Von der Burg Berneck selbst ist wenig erhalten. An ihrer Stelle wurde eine kleine Kapelle errichtet, die Buschelkapelle, deren Namen auf »Burgstelle« zurückgeht. Eine wohlgenährte Maria aus Gips aus dem 18. Jahrhundert blickt bei geöffneter Türe direkt ins Tal.

LAGE: Touristen- und Kulturbüro Bad Ditzenbach, Helfensteinstraße 20, 73342 Bad Ditzenbach

ÖFFNUNGSZEITEN: montags bis freitags von 9.00–12.00 Uhr, montags, mittwochs und freitags auch von 14.00–16.00 Uhr

HALTESTELLE: Abzweigung Auendorf Bad Ditzenbach (Bus 56 von Geislingen Richtung Abzweigung Auendorf); Endpunkt: Bahnhof Geislingen an der Steige

Geislinger Kaiser Bier
Ganzjährig geöffnet
durchgehend warme Küche
Saiten, Fleischkäs, Bratwürste,
Maultaschen, Kässpätzle,
Rostbraten, u.v.m. siehe Karte
· Montag · Ruhetag ·

LAGE: Manufaktur Rösch, Göppinger Straße 26, 73342 Auendorf/Bad Ditzenbach

ÖFFNUNGSZEITEN: **Hofladen:** meistens tagsüber von 7.00–9.30 und 17.00–20.00 Uhr (Nachfragen unter Tel. 07334-5287)

HALTESTELLE: Auendorf Volksbank (Bus 32 von Göppingen ZOB Richtung Eschenbach, Dürnau und Gruibingen)

BAD DITZENBACH-AUENDORF

VITAMIN C TANKEN

Hägenmark-Manufaktur Rösch

Es steht auf dem Rain / Hat den Busen voll Stein / Hat ein rothes Mäntelchen auf / Und ein schwarzes Käppchen drauf.«

Zur Hagebutte, der Frucht der Hecken- oder Hundsrose, gibt es viele überlieferte Rätsel und Kinderverse. Hagebutte ist ein Wort mittelhochdeutschen Ursprungs, die erste Silbe Hag bedeutet Gebüsch, die zweite Silbe Butte bedeutet Fässchen und bezieht sich auf die Form der Frucht.

Von September bis Anfang November sind die Hagebutten reif. Man kann die Früchte ernten, nachdem alle anderen landwirtschaftlichen Arbeiten auf den Feldern erledigt sind. Lange Zeit haben sich zahlreiche Landwirte im Ort durch die Produktion von Hägenmark etwas dazuverdient, inzwischen sind es in Auendorf nur noch vier Betriebe, die Hägenmark herstellen. Durch die hohe Nachfrage reichen die Auendorfer Hagebutten nicht mehr aus. Teilweise werden die Früchte importiert, was die Ökobilanz des Muses nicht gerade verbessert, wobei die in Südosteuropa geernteten Früchte zum Teil weniger Luftschadstoffe aufgenommen haben als die im industriell voll entwickelten Ländle.

Hagebuttenmark half den Bewohnern am Albtrauf durch die obst- und dadurch vitaminarmen Winter, denn Hagebutten haben einen sehr hohen Gehalt an Vitamin C, je nach Sorte enthalten 100 Gramm Hagebutten 400 bis 1500 Milligramm. Einige Varianten erreichen sogar den Wert von 5000 Milligramm. Damit die Konfitüre das Immunsystem stärkt, gegen Frühjahrsmüdigkeit hilft und Erkältungskrankheiten lindern kann, darf ihr Mark nicht über 75 °C erhitzt werden.

In Auendorf werden daher die Hagebutten zwischen zwei Walzen gepresst, sodass sie aufspringen, lagern dann so, dass sie weich werden und bei der Verarbeitung unerhitzt durch Siebe gedrückt werden können. Im einem ersten Schritt werden sie durch ein grobes Sieb passiert, das die Kerne auffängt, in einem zweiten Schritt durch ein feines Sieb, in dem die Fruchthaare hängen bleiben. Nun wird das rohe Hagebuttenmark mit Zucker auf höchstens 75 °C erhitzt, in Gläser abgefüllt und luftdicht verschlossen.

»Wart ein Weilchen, meine Teure /
und dann bist du Spatzenspott/
Dick und voll Zitronensäure /
wirst du bestenfalls Kompott!«
(Rudolf Presber)

BAD ÜBERKINGEN

FRÜHLING BEGRÜSSEN

Naturschutzgebiet Autal

Das 45 Hektar große Naturschutzgebiet Autal umspannt das Tal bis zu seiner Quelle sowie den nördlichen Steilhang, der hinauf zur Albhochfläche führt und von zwei tiefen Schluchten durchschnitten ist. Der untere Hangbereich ist von Schuttmassen geprägt, die durch Verwitterung ins Tal gerutscht sind. Im geschützten Gebiet gibt es einen Höhenunterschied von 200 Metern auf nur 500 Meter Distanz.

Der Hauptgrund, warum das Gebiet 1982 unter Schutz gestellt wurde, sind die Märzenbecher, mancherorts nennt man sie auch Frühlingsknotenblumen. Sie wissen die hohe Boden- und Luftfeuchtigkeit in den Schluchten zu schätzen, kommen hier in ungewöhnlicher Zahl vor und begrüßen im März den Frühling mit ihrem veilchenartigen Duft. Bestäubt werden die kleinen weißen Blüten von Bienen und Tagfaltern, die Blüten bieten aber wenig Nektar. Schon im Frühsommer ziehen sie ihre Blätter wieder ein und überdauern als Zwiebel etwa 30 cm tief im Boden die Zeit bis zum kommenden Frühling. Der Märzenbecher gilt nach der Bundesartenschutzverordnung als besonders geschützt und nach der Roten Liste des Bundesamtes für Naturschutz als gefährdet und wird nun geschützt.

Wer die Blüte sehen möchte, folgt von Bad Überkingen dem Autalweg. Am Ende des Tals steigt der Weg in der Waldschlucht steil an, der Steig ist gesichert. Vorbei an Felsen, über die Wasser rieselt, gelangt man zur Brunnensteighöhle, der beeindruckendsten Karstquelle im Gebiet. Hier holten sich vor dem Bau der Wasserversorgung die Bewohner von Aufhausen ihr Trinkwasser in Fässern. Der Weg zwischen der Quelle und Aufhausen, der heute teils verfallen ist, zeigt, wie gefährlich der Transport des Wassers für Mensch und Vieh einst gewesen ist. Auf diesem alten Brunnenweg wandert man zum Albtrauf bei Aufhausen.

Das Verlassen des Weges ist verboten, ebenso das Ausgraben oder Pflücken von Pflanzen, das Erklettern der Felsen oder das Feuermachen.

Diese Regeln gelten nicht nur zur Märzenbecherblüte, sondern auch zum Schutz von Felsmispel, Felsenbirne, Weißer Fetthenne und der Mauerraute.

LAGE: Autalhalle, Hausener Str. 27, 73337 Bad Überkingen

HALTESTELLE: Bad Überkingen (Bus 55 von Geislingen an der Steige Richtung Unterböhringen)

0,25
1,20
0,25
0,25
0,25
0,25
0,25

BAD ÜBERKINGEN

PUMPENPLÄNE STUDIEREN

Altes Pumpwerk

Bis ins 19. Jahrhundert hinein glich das Wasser, das die Menschen auf der Alb tranken, farblich im besten Falle einem Fencheltee, im schlimmsten Falle Kaffee, nur dass der angenehme Geschmack fehlte! Das poröse Gestein der Alb lässt Wasser im Nu versickern, nur das, was von den Dächern in Zisternen geleitet werden konnte, stand zur Verfügung – und das war durch die strohgedeckten Dächer und die mit Lehm abgedichteten Auffangbecken selten klar. Man versuchte, es mit Birkenholz, altem Brot oder Salz zu desinfizieren, was aber Krankheiten nicht verhindern konnte. An Duschen, Baden oder gar Wäschewaschen war in trockenen Monaten nicht zu denken, das Vieh musste schließlich auch trinken.

In Wintern ohne Schnee oder in langen Sommern mussten Fuhrwerke in die Täler fahren. Die Wagen standen an den Brunnen dort Schlange. Mit Fässern voll Wasser kehrten sie zurück. Die Fuhrleute verlangten zudem einen Kreuzer für 20 Liter, das entsprach dem Tageslohn eines Knechtes.

Vor diesem Hintergrund kann man begreifen, welche Veränderung die Pumpen in der Alten Pumpstation in Bad Überkingen für die Menschen auf der Alb mit sich brachten: Eine Wasserversorgung über ein ausgetüfteltes Leitungssystem! Im heute als Museum erhaltenen Backsteingebäude stehen noch die gewaltigen Pumpen, die das Wasser ab 1881 mit Dampfkraft auf die Alb gepumpt haben. Was für eine Ingenieurleistung! Man sieht die riesigen Keilriemen, die großen Schraubenschlüssel, mit denen die Maschinen gewartet wurden, die Messingölkännchen, die Aktenberge und das Telefon.

Im oberen Geschoss können die dazugehörenden Pläne studiert werden: handgezeichnete Kunstwerke, die die Lage und Funktion der Schächte und Verteilstationen zeigen. Der Druck aus den Pumpen ermöglichte es, im Notfall aus vier Schläuchen gleichzeitig, eine 30 Meter hohe Wassersäule zum Löschen hervorschießen zu lassen.

LAGE: Wasserwerk Bad Überkingen, Hausener Straße 100, 73337 Bad Überkingen

ÖFFNUNGSZEITEN: nach Vereinbarung unter www.wasser-ostalb.de oder bei m.pulvermueller@wv-ostalb.de

HALTESTELLE: Autalhalle, Bad Überkingen (Bus 56 von Geislingen an der Steige Richtung Wiesensteig)

BERGLEN-HÖSSLINSWART

HERUNTER-ROLLEN

Vom Lapidarium nach Winnenden

An den Karl-Rieker-Dorfplatz in Hößlinswart kommt man mit dem Bus aus Schorndorf, der auch in Winterbach hält und mit dem sogar Fahrräder transportiert werden können: Hinten an der Karosserie ist ein Fahrradständer montiert, und im Bus ist Platz für Radlerinnen, Radler und ihre Gefährte. So lassen sich die Serpentinen hinauf aus dem Remstal über Rohrbronn nach Berglen einfach meistern.

Der Dorfplatz in Hößlinswart ist eher eine Wiese oder ein Lapidarium. Hier werden steinerne Gegenstände gezeigt, die einst zu Höfen oder auf die Weiden gehörten. Tafeln erklären, wofür die so unterschiedlichen Tröge Benutzung fanden: als Futtertrog für Rinder, als Saufuttertrog, als Trog für Hühnerfutter, ein anderer ist für Wild gedacht. Es sind sogar eine Kinderbadewanne, eine Laugenwanne und ein Trog zum Kühlen der Milch zu sehen. Daneben befinden sich eine Obstpresse, ein Obstmahltrog, einen Gurkenbehälter, ein Kalkbehälter, einen Metallschmelztiegel und eine Ackerwalze. Es ist unglaublich, was die Steinmetze in den letzten Jahrhunderten herstellten und was der Museums- und Heimatverein Berglen e. V. auf dem gastlichen Platz mit vielen Sitzgelegenheiten zusammengetragen hat. Bei manchen Artefakten geht man zweimal hin und her: Was ist das? Aha, eine Mühle, in der eine Töpferei die Zutaten der Glasur gemahlen hat! Und das? Ein Scherenschleifstein!

Nach der Betrachtung der unterschiedlichen Mühlsteine für Öl, Schrot und Getreide schwingt man sich auf das Fahrrad. Unterhalb des Dorfplatzes fließt die Steinach. Ihr folgt ein Radweg, bis er auf die Landstraße L1140 mündet, der man für einige Meter folgen muss. Man kann aber schon vor Steinach wieder rechts in den Weidenweg biegen und auf ruhigen Sträßchen durch Steinach radeln. Es geht immer abwärts und an dem einzigen Kreisverkehr auf einem schmalen, geteerten Weg am Sportgelände vorbei. Hier erreicht man den Buchenbach, dem man ebenfalls immer abwärts durch Birkmannsweiler, wo im Vereinslokal »Talaue« Balkangerichte serviert werden, und Höfen bis nach Winnenden folgt.

LAGE: Karl-Rieker-Platz, 73663 Hößlinswart

HALTESTELLE: Hößlinswart (Bus 245 von Schorndorf Richtung Hößlinswart/Fahrradtransport, Bus 336 von Winnenden Richtung Oppelsbohm/keine Fahrradmitnahme)

BARTHOLOMÄ

SEELÖWEN ERBLICKEN

Felsen des Wentals

Wer im Wental einen Bach sucht, wird nicht fündig. Es handelt sich um ein auf der Schwäbischen Alb nicht seltenes natürliches Phänomen: ein Trockental. Das einstige Gewässer ist aufgrund eines heute niedrigeren Wasserspiegels im porösen Karstgestein vor langer Zeit verschwunden. Geblieben sind die tief eingegrabenen Hänge und die Felsen. Sie heißen »Bischofsmütze«, »Hirschfelsen«, die »Sphinx«, der »Seelöwe« und auch »Wentalweible«, »Rondell« und »Spitzbubenstadel«, und regen durch ihre bizarren Formen die Fantasie der Wanderer an, die vom Gasthaus Wental in beide Richtungen das Tal entlang gehen können und hinter jedem Felsen wieder neue faszinierende Formationen finden.

Das Wental ist streng geschützt. 120 Flechtenarten bevölkern die Steine. Daher darf man auch nicht vom Weg abweichen und schon gar nicht die Felsen beklettern. Auch Hunde müssen an der Leine bleiben. Sie könnten den gut getarnten, in einer Bodenmulde brütenden Waldschnepfen gefährlich werden. 56 Vogelarten brüten im Wental. Seltene Arten wie der durch seinen leuchtend roten Scheitel unverwechselbare, im Vergleich zu anderen Spechten riesige Schwarzspecht gehören zu ihnen.

Vom Weg aus kann man sich von den 48 Tagfalterarten begeistern lassen. Der Trauermantel mit seiner imposanten Flügelspannweite von bis zu 7,5 cm und seiner auffallend schwarzen Färbung mit gelbem Saum gilt in vielen Teilen Baden-Württembergs als ausgestorben.

Zeit, ein Fernglas und eine dickere Jacke sind bei einem Besuch der Felsen anzuraten. Mit einer Jahresdurchschnittstemperatur von 7 °C beginnt in diesem Gebiet die Blüte immer ca. einen Monat später als unten an der Rems. An 60 bis 80 Tagen pro Jahr liegt das Gebiet unter einer geschlossenen Schneedecke. Hier ist es, wie die Einheimischen sagen, »Emmer an Kiddel kälder« – will sagen: Man braucht eine Jacke mehr!

LAGE: Zwischen Bartholomä und Steinheim

HALTESTELLE: Wental Gaststätte (von Schwäbisch Gmünd mit StadtBus Gmünd Linie 1 bis Haltestelle Heubach, Marktplatz, anschließend Umstieg in Bus 294 bis Haltestelle Bartholomä, Heubacher Straße, weiterer Umstieg in Bus 295 bis Haltestelle Wental Gaststätte)

BIRENBACH

WALL-FAHREN

Zur Schmerzhaften Mutter Gottes

Barockarchitektur hat oft, aus der Sicht eines heutigen Betrachters, etwas Überladenes, Prahlerisches, Abgehobenes. Nicht so die Wallfahrtskirche in Birenbach. Manchmal wird für ihren Stil die Bezeichnung »Schwäbisches Bauernbarock« verwendet, was nicht so ganz stimmt, denn der Architekt Valerius Brenner stammte aus Vorarlberg, und seine Auftraggeber waren nicht die Bauern selbst, sondern das Augsburger Domkapitel. Was jedoch auffällt, ist die Anschaulichkeit des teilweise drastisch Dargestellten: Der Erzengel Michael ist als Statue in silbern und golden glänzender Rüstung geschnitzt. Er bezwingt den gehörnten und mit Klauen dargestellten Teufel, indem er das Schwert hebt und mit dem Fuß auf seinen Brustkorb zielt. In der Hand hat er eine Waage, mit der er, nach Vorstellung der Gläubigen zur Entstehungszeit der Kirche 1690, die Seelen der Menschen beim jüngsten Gericht abwiegen wird.

Auf dem Altar steht eine Holzschale mit dem ebenfalls geschnitzten abgeschnittenen Kopf Johannes des Täufers. Auffallend sind die bearbeiteten Kirchenbänke und der Beichtstuhl, der an einen Bauernschrank erinnert und auf dem der heilige Veit in einem dreibeinigen Kessel voll kochenden Öls sitzt und betet. Der heilige Veit taucht auch auf dem Hochaltar auf, einmal mit einem Palmzweig in der Hand, dem Symbol der Märtyrer, also jener, die wegen ihres christlichen Glaubens hingerichtet wurden, wobei Veit, so will es die Legende, lebend aus dem Ölkessel stieg.

Als Dekoration sind keine exotischen Pflanzen dargestellt, sondern Birnen, Weintrauben, Sonnenblumen. Ein Altarbild zeigt den guten Hirten nicht nur mit Schafen, sondern auch mit Rindern und weidenden Schweinen. Er trägt einen breitkrempigen Hut, über dem Gewand einen wärmenden Poncho und eine Umhängetasche. In der Hand hat er den Hirtenstab.

Die Kirche ist trotz ihrer Stuckdecke keinesfalls erdrückend und trotz der Grausamkeit mancher Darstellungen mit ihren Engeln und der Buntheit der Statuen fröhlich und einladend.

LAGE: »Zur Schmerzhaften Mutter Gottes«, Kirchstraße 4, 73102 Birenbach

ÖFFNUNGSZEITEN: täglich von 9.00–18.00 Uhr

HALTESTELLE: Rathaus Birenbach (Bus 11 ab Göppingen ZOB Richtung Lenglingen)

BÖHMENKIRCH-LINDENHOF

STRAUSSEN-WURST ESSEN

Straußenfarm Lindenhof

Die Strauße vom Lindenhof haben ihre Gehege hinter der als Festsaal dienenden Scheune. Es sind fast alles Jungtiere. Die weiblichen Strauße erkennt man an ihrem eher unauffälligen, leicht schmutzig-grauen Gefieder, die Männchen an den imposanten schwarzen Flügeldecken. Besucher können sich auf Bänke setzen, ihre mitgebrachten Brötchen mit im Hofladen eingekaufter Straußenleberwurst oder -lyoner verzehren und den Herden zusehen, die sich immer wieder in Bewegung setzen, als Gruppe aus den Ställen schnell raus und wieder hineinrennen. Sie sind sehr geschwind auf ihren Hufen, die eigentlich Zehen sind.

Oft schauen die neugierigen Tiere, ob nicht Spaziergänger für sie außerhalb der Weide Löwenzahn pflücken, denn der ist bekanntlich viel schmackhafter als der, der direkt im Gehege wächst. Ist man nicht schnell genug beim Pflücken, recken die Strauße ihre langen, dünnen Hälse weit durch die Drahtmaschen und verdrehen sie akrobatisch. Die Beweglichkeit ist faszinierend. Manchmal scheint es, als blinzeln die Vögel den Besuchern zu.

Neben dem Gras und den Kräutern auf ihrer Weide bekommen die Strauße der Familie Bosch ausschließlich auf dem eigenen Hof angebautes Futter. Geschlachtet werden die Tiere im Alter von etwa einem Jahr in einer nahe gelegenen Metzgerei. Aus den Keulen wird Steak und Braten, das Brustfleisch und die Flügel landen hauptsächlich in der Wurst.

Das Besondere an Straußenfleisch: Es schmeckt wie Kalb und ist sehr eisenhaltig. Man kann es zubereiten wie Rinderbraten oder Rindergulasch, dabei ist das Fleisch sonst eiweißhaltig, cholesterinarm und mager wie Geflügelfleisch.

Die rote Wurst vom Strauß kann man gut am Grillplatz am Leispel auf der anderen Seite von Böhmenkirch grillen und verzehren. Der Grillplatz mit zwei gemauerten Feuerstellen ist Teil eines großen Spielplatzes mit allerlei tollen Spielgeräten.

LAGE: Lindenhof 1; 89558 Böhmenkirch

ÖFFNUNGSZEITEN: Hofladen: freitags 9.00–12.00 und 13.00–17.00 Uhr, samstags 9.00–12.30 Uhr und nach Absprache (außer sonntags) unter Tel. 07332-5309

HALTESTELLE: Böhmenkirch-Lindenhof (Bus 58 ab Geislingen an der Steige)

BÖHMENKIRCH-SCHNITTLINGEN

BALANCIE-REN LERNEN

Wind- und Wetterpark

Im Sommer 2017 ist die wichtigste Attraktion auf der Kuchalb weggefallen: die Führung in der Wetterstation. Die Station, deren Mitarbeiter halbstündlich das Wetter übermittelten, die Radioaktivität der Luftpartikel maßen und im Jahr 85 Besuchergruppen empfingen, wurde automatisiert. Sie sendet ihre Daten nun vollautomatisch an den Deutschen Wetterdienst.

Erbaut wurde die Wetterstation auf dem Schnittlinger Berg samt damaligem Funkturm im Jahre 1936 als Wetterfunkstelle der Deutschen Luftwaffe im Dritten Reich. Heute dient der 734 m hohe Berg zwar zivilen Zwecken, doch die Forschung an den ersten Windrädern für die Stromgewinnung geht auf Forschungen der Nationalsozialisten zurück, die nach dem Endsieg die Ostgebiete mit Windstrom versorgen wollten.

Das Urmodell moderner Windkraftanlagen wurde jedoch erst 1957 nach den Plänen von Ulrich Hütter auf dem Testfeld auf dem Schnittlinger Berg erbaut. Die Windausbeute ist hier oben hervorragend und treibt inzwischen acht Windräder an – und noch viel mehr sind in der näheren und ferneren Umgebung zu sehen.

Auf einem Energiekarussell, das mit einem Dynamo gekoppelt ist, können Kinder im Wind- und Wetterpark herausfinden, wie viel Strom sie mit ihrer Bewegung erzeugen. Ein begehbares Rotorblatt macht dieses Element einer Windkraftanlage erlebbar. Auf den neun Meter langen Flügel kann man hinaufsteigen und auf ihm balancieren.

Es schließen sich Stationen zum Wetter generell an. Eine besondere Sonnenuhr zeigt, wenn der Betrachter in die Mitte des »Zifferblattes« tritt, mit seinem eigenen Schatten die Uhrzeit an. Anhand der auf Fotos abgebildeten Wolkenformen auf Klapptafeln können Besucher, die es sich auf einer Liege mit Talblick bequem gemacht haben, bestimmen, welche Wolkenart gerade am Himmel vorherrscht. Sollten es Cumulonimbus sein, kann man schon mal den Schirm aufspannen. Diese sogenannten Haufenwolken bringen Schauer und Gewitter mit sich.

LAGE: Wetterwarte des Deutschen Wetterdienstes, Auf dem Berg 73, 89558 Böhmenkirch

HALTESTELLE: Schnittlingen Wetterwarte (Bus 7687 ab Geislingen an der Steige)

BÖRTLINGEN-BREECH

IN DER LUFT HÄNGEN

Reinhold-Maier-Aussichtsturm

Den Reinhold-Maier-Turm findet man an der Kreisstraße 1408 zwischen dem Börtlinger Ortsteil Breech und Lorch-Rattenharz. Er ist von Weitem zu sehen, erinnert er doch in seiner Form an einen Leuchtturm, den eine Fata Morgana auf den Schurwald spiegelt.

Mit Wasser hat seine Errichtung tatsächlich zu tun, allerdings mit Süßwasser statt Meerwasser. Da in Stuttgart, Esslingen und Schwäbisch Gmünd sowie weiteren württembergischen Gemeinden ein Mangel an frischem Trinkwasser herrschte, wurde ab 1910 eine Pipeline für Wasser gebaut. Das Wasser kam aus Niederstotzingen und musste über die Alb und den Schurwald geführt werden. Dazu waren Turbinen nötig. Der Turm in Breech ist der sichtbare Teil dieser Wasserleitung. Unter ihm gibt es einen unterirdischen Wasserbehälter, in dessen beiden Speicherkammern 10.000 Kubikmeter Wasser Platz fanden, kombiniert mit einer Stromgewinnungsanlage. Im Turm stieg eine Leitung auf, die nötig war, um Druckschwankungen des ankommenden Wassers auszugleichen, damit die Rohrleitungen nicht überlastet wurden. Acht Kleinturbinen wandelten die überschüssige Wasserenergie in elektrische Energie um.

Da man von der Aussichtsplattform auf 20 Metern Höhe des 25 Meter hohen Turmes einen gigantischen Blick hat, lag es nahe, den Turm nicht abzureißen, als er unnötig geworden war. 2010 wurde der Wasserturm zum Aussichtsturm umgebaut. 110 Stufen führen nach oben zur Aussichtsplattform.

Und wenn man oben ist? Wieder die Treppen hinunter? Nein! Gruppen ab fünf Personen können auf der Seite von www.360-grad-schrittweise.de einen Termin zum Abseilen vereinbaren und das Entleihen der Ausrüstung buchen. Turmabwärts auf die ganz andere Art!

Und wenn man schon mal dort ist: Im Kirchhof der ev. Johanneskirche in Börtlingen befindet sich die sehenswerte Ölbergkapelle aus der Zeit um 1510.

LAGE: Reinhold-Maier-Turm, Schweizerhof 1, 73104 Börtlingen-Breech

ÖFFNUNGSZEITEN: April bis Oktober: samstags, sonntags, feiertags von 9.00–19.00 Uhr, wochentags kann der Schlüssel gegen ein Pfand im Rathaus von Börtlingen (Tel. 07161-953310) entliehen werden

HALTESTELLE: Breech Wendeplatte (Bus 4 Richtung Breech)

DEGGINGEN

BILDER DEUTEN

Wallfahrtskirche Ave Maria

Hoch über Deggingen liegen die Kirche und das Kloster Ave Maria. Man sagt, hier habe schon ein heiliger Hain der vorchristlichen Sueben gelegen, wo also dieser keltische Stamm in Ehrfurcht vor der Kraft der Natur gebetet habe.

Im Inneren prallen Volkskunst und symbolisch-theologische Fresken aufeinander. Neben dem hinteren Ausgang hängen vier Ex-Voto-Bilder, gestiftet von Menschen, die sich in ihren Gebeten von Maria erhört fühlten und ihr Dank sagen wollten. Eines zeigt einen Mann mit Fuhrwerk, dem zwei Zugochsen ausbrechen und dessen Wagen sich am Abhang überschlägt. Er kam mit dem Leben davon. Unter dem Bild erzählt er die Geschichte der Errettung.

Die Bilder sind simpel und zeigen die Frömmigkeit der einfachen Leute des 18. Jahrhunderts. Es ist schön, dass sie ihren Platz haben in der sonst von biblischen Anspielungen und kirchlichen Symbolen gespickten Kirche, die dem einfachen Volk ähnlich viele Rätsel aufgegeben haben mögen wie dem heutigen Betrachter. Das zentrale, barocke Deckengemälde zeigt einen Baum, womöglich der Baum der Erkenntnis des Guten und des Bösen handeln, denn eine Schlange windet sich an ihm empor. Statt Früchten hängen Totenköpfe am Baum zum Zeichen, dass die Menschheit nach kirchlicher Überzeugung dem Tod geweiht ist. Auf der Baumkrone steht Maria in blauem Gewand, die der Schlange den Kopf zertritt. Sie, so wird das zu deuten sein, hat durch die Geburt ihres Sohnes dazu beigetragen, dass die Welt Erlösung finden kann.

Der schlicht-weiße Hochaltar hat in seiner Mitte ein ovales Medaillon, durch das von hinten die Sonne durchscheint. In ihm steht das Gnadenbild, also die Marienstatue, der die Wallfahrt zu Ave Maria gilt. Die Statue selbst ist aus dem 16. Jahrhundert, deutlich älter als der Stuckbaldachin und die sie umgebenen weißen Statuen. Alle Blicke zieht sie auf sich, umgeben von goldenen Strahlen, gekrönt, im goldenen Gewand, auf einer Mondsichel und dargestellt als Himmelskönigin.

LAGE: Kloster und Wallfahrtskirche Ave Maria, Ave-Maria-Weg, 73326 Deggingen

ÖFFNUNGSZEITEN: täglich

HALTESTELLE: Abzweigung Ave Maria, Deggingen (Bus 56 von Geislingen an der Steige ZOB Richtung Wiesensteig)

ab æterno ordinata sum. Prov. 8.

LAGE: Jakob-Grünenwald-Gedächtnisstätte, Ortsstraße 49, 73061 Ebersbach-Bünzwangen

ÖFFNUNGSZEITEN: April bis Oktober an jedem ersten Sonntag des Monats von 10.00–12.00 Uhr

HALTESTELLE: Bünzwangen Orts-/Pläckertstraße (Bus 261 von Ebersbach Bahnhof Richtung Bünzwangen)

EBERSBACH-BÜNZWANGEN

DER LANDLUST FRÖNEN

Jakob-Grünenwald-Gemäldesammlung

Bünzwangens berühmtester Sohn ist der Maler Jakob Grünenwald – er war lange wesentlich berühmter, als er es heute ist.

Grünenwald wurde 1821 geboren. Der Vater webte gegen Lohn und führte eine kleine Landwirtschaft. Die Familie hatte acht Kinder. Umso erstaunlicher ist es, dass der Vater bereit war, den Sohn an die Stuttgarter Kunstschule gehen zu lassen, damit er dort zum Historienmaler ausgebildet wird. Historienmaler war ein Beruf zwischen Kunst und Handwerk und diente dazu, gegen Bezahlung wichtige Ereignisse festzuhalten oder Porträts anzufertigen. Zumindest führte die Ausbildung zu großem Können, Gesichter und Landschaften realitätsgetreu abzubilden und an der Körpersprache der dargestellten Personen ihren Charakter, ihre Stimmung und ihre Absichten ablesbar zu machen.

Die ersten Aufträge, die Grünenwald bekam, waren Werke zu religiösen Themen. Nach seinem Umzug nach München wurde er ausgewählt für das neue, auf die persönliche Initiative von König Maximilian II. hin in der Maximilianstraße errichtete – heute das Museum Fünf Kontinente beherbergende – Nationalmuseum ein nicht erhaltenes, großformatiges Schlachtengemälde anzufertigen.

Was Jakob Grünenwald aber in weiten bürgerlichen Kreisen populär machte, war seine bäuerliche Genremalerei.

Der Maler erkannte den Geist der Zeit. Die kaufkräftige und Kunst liebende Stadtbevölkerung wurde immer unzufriedener mit dem Leben in den Metropolen, die ihr zwar mit Fabriken und dem Handel Geld brachten, die sie aber im Zuge der immer weiter fortschreitenden Industrialisierung als laut, hektisch, schmutzig und stickig empfanden. Wer es sich leisten konnte, machte Urlaub im Grünen und kaufte zur Zimmerdekoration ländliche Idyllen. Das Land kannte Grünenwald durch seine bäuerliche Herkunft gut. Er verklärte das Leben der einfachen Leute, zog ihnen auf den Bildern zur Feldarbeit die Sonntagskluft an, gab ihnen rosige Wangen und färbte die Landschaft sanft und harmonisch.

Es lohnt sich, in dem sehr engagiert geführten, ehrenamtlich betreuten Museum einen Maler wiederzuentdecken, der in einer Zeit von Landlustmagazinen und Entschleunigungsratgebern erneut den Nerv der Zeit trifft.

EISLINGEN

FISCHSAURIER GUCKEN

Stadthalle Eislingen

Da sich im Laufe der Erdgeschichte die Kontinente immer wieder verschoben haben, wechselten auch die Meere ihren Platz. Vor 181 Millionen Jahren war dort, wo heute Eislingen liegt, ein Meer. Und dass in diesem Meer ziemlich viele Fischsaurier unterwegs waren, stellte sich beim Bau der neuen Trasse der B10 im Jahr 2002 heraus. Die Schicht mit den Ablagerungen aus dieser Zeit ist nur zehn cm dick, aber die Paläontologen machten dennoch sensationelle Funde: Anders als etwa in Holzmaden sind die Knochen der Urtiere in Eislingen nicht platt gedrückt, ihre Knochenstruktur hat sich wunderbar erhalten. Einziger Nachteil: Die Strömung muss recht stark gewesen sein im Wasser – und so finden sich zerlegte Skelette diverser Tiere beisammen, sodass es den Wissenschaftlern teilweise nicht leicht fällt zu bestimmen, welcher Knochen nun welchem Individuum zuzuordnen ist.

Warum aber gibt es um Eislingen einen regelrechten Fischsaurierfriedhof? Was ließ die Tiere sterben? Schuld war wohl ein Methangasausbruch, ausgelöst von einer Klimaerwärmung. Lange hat die Wissenschaft vermutet, dass solche Ausbrüche ökologische Folgen hatten, doch erst die Funde von Eislingen belegten dies, was umso relevanter ist, als auch momentan durch die Klimaerwärmung vermehrt Methangasausbrüche am Meeresboden stattfinden.

In der Stadthalle in Eislingen, die die Hausmeister auch ohne feste Öffnungszeiten für Interessierte gerne öffnen, gibt es eine kleine Ausstellung, dort ist am imposantesten der Temnodontosaurus Nr. 3, dessen Skelett von der Decke baumelt. Bis zu zwölf Meter Länge erreichten diese Fischsaurier! Man sieht den Zähnen an, dass das Tier an der Spitze der Nahrungskette lebte und im Meer räuberte.

An einem ausgestellten Sedimentbohrkern kann man die Gesteinsschichten um Eislingen erkennen. Auch ein verkohlter Baumstamm ist zu sehen. Druck und Temperatur haben dazu geführt, dass er nicht verwittert, sondern in seiner Form erhalten geblieben ist.

LAGE: Stadthalle Eislingen, Kronenplatz, 73054 Eislingen

ÖFFNUNGSZEITEN: nach Vereinbarung mit den Hausmeistern: haustechnik-stadthalle@eislingen.de

HALTESTELLE: Eislingen (Fils) (Regionalbahn R1 ab Stuttgart)

EISLINGEN-KRUMMWÄLDEN

SORTEN SEHEN

Streuobstlehrpfad

Über Krummwälden, wo von der Hohenstaufenstraße der Brunnenweiler abgeht, befindet sich eine im Herbst schon von Weitem leuchtende Streuobstwiese.

Streuobstwiesen sind typisch für Württemberg. Sie kamen im 19. Jahrhundert auf, als unter Gelehrten bekannt wurde, wie gesund es ist, täglich Obst zu essen, als Pfarrer daraufhin in ihren Gärten die idealen Sorten für das Klima und die Böden in ihrer Gemeinde suchten und sonntags nach dem Gottesdienst zu Obstbaumschnittkursen luden. Obstbau zu propagieren war Teil der praktischen Theologie, die der Mangelernährung auf dem Lande entgegenwirken sollte. Hochstämme wurden von den Bauern bevorzugt, denn unter ihnen konnte man Tiere weiden lassen. Der Obstanbau war also nicht mit Ertragsverlusten in der Weidewirtschaft verbunden.

Die Zahl der Sorten hat sich seit jener Zeit verringert. Die alten Sorten bekannter zu machen, zu zeigen, welche Sorte für Most, für Kuchen oder als Tafelobst taugt und wo sie gedeiht, das haben sich der Obst- und Gartenbauverein Krummwälden e. V. 1906 und zwei weitere Eislinger Gartenbauvereine vorgenommen. Sie kümmern sich deswegen um die Pflege der beschilderten »Schaubäume«, um Jakob Fischer, eine robuste Sorte mit nicht lange haltbaren, großen Früchten, um den schorfanfälligen Rosenapfel vom Schönbuch, um die gut als Dörrobst zu verwendende Schafnase, den Lauxenbauer und viele Äpfel und Birnen, Zwetschgen und Kirschen mehr. An allen Bäumen sind Erklärungsschilder aufgestellt. Die Vielfalt begeistert – und wer sie kennt, lässt sich nicht mehr mit Cox Orange, Jona Gold und Granny Smith abspeisen.

Und wenn man schon mal dort ist:

Die Hydrogärtnerei Höfer in Eislingen ist einer der größten Anbieter von auf Hydrokugeln kultivierten Zimmerpflanzen. Auf 3.000 m^2 Gewächshausfläche pflegen und vermehren ihre Mitarbeiter Tausende von Hydrokulturpflanzen: Hochstämme, Buschformen, Palmen, blühende Pflanzen und Rankpflanzen.

LAGE: Brunnenweiler, 73054 Eislingen/Fils

ÖFFNUNGSZEITEN: Gärtnerei: montags bis freitags 8.00–12.30 und 14.00–18.15 Uhr, samstags 8.00–13.00 Uhr

HALTESTELLE: Brückenstraße Krummwälden (Bus 6 ab Göppingen Richtung Otterbach)

ERDMANNHAUSEN

BREZELN SCHLINGEN

Das Brezelmuseum

In Schwaben fragt man sich, wie man Kinder ohne Brezeln groß bekommen kann. Die Funktion von Beißringen, an denen sich andernorts Babyhände festhalten und Zähnchen nagen, erfüllt hier traditionell die Brezel. Doch nach mehreren Stunden wird sie schmierig durch den Speichel, und sie ist nicht abwaschbar, wenn sie aus dem Buggy gefeuert wird. Im Brezelmuseum in Erdmannhausen kann man im Museumsshop die Weiterentwicklung erwerben, eine Stoffbrezel mit Rassel.

Das Museum befindet sich im einstigen mit Brezeln bemalten altrosa Produktionsgebäude der Firma Huober, die ihrerseits die Brezel zum Mitnehmen entwickelt hat: Das Salzbrezele, anfangs von Hand geformt, heute ausgestanzt. Die Firma hat inzwischen vollständig auf Knabberbrezeln aus Biomehl umgestellt.

Das Museum stellt die Geschichte der Brezel dar und kostbare Leihgaben des Brotmuseums Ulm aus: Von 1050 n. Chr. stammt die älteste Darstellung einer geschlungenen Brezel. 1272 wird die Brezel erstmals als Backware in einem Augsburger Stadtbuch erwähnt. Zu sehen ist ein Zunftwappen von etwa 1300, das erste Wappen, bei dem sich Bäcker des Symbols der Brezel für ihren Beruf bedienen. 1470 werden Brezeln als Abendmahlsbrot auf einem Altar dargestellt.

Der Besucher erfährt, dass der Name Brezel sich aus dem Lateinischen ableitet von »pracentam cum bracciolo«, Gebäck mit Ärmchen, und er kann mit Seilen das Brezelnschlingen nach Anleitung üben. Immer wieder bietet das Museum auch Kurse an.

Sehr witzig ist die Ausstellung mit Kunst aus alten Brezeln von Jürgen Rösler, der eine ziemlich echt wirkende Fundstätte mit fossilen Brezeln installiert hat, die Brezeln trophäengleich in Szene setzt. Der Besucher wird überzeugt: Eine Brezel ist in jeder Lebenslage die perfekte Wahl.

LAGE: Brezelmuseum, Badstraße 8, 71729 Erdmannhausen

ÖFFNUNGSZEITEN: samstags und sonntags 11.00–17.00 Uhr

HALTESTELLEN: Schweißbrücke (Bus 364 aus Marbach Richtung Backnang), Rathaus (Bus 456 aus Affalterbach Richtung Marbach) oder Erdmannhausen (S4 von Stuttgart Richtung Backnang)

ESSINGEN

HAARE BESTAUNEN

Quiriniuskirche

Die evangelische Kirche ist tagsüber für Besucher geöffnet – und sie lohnt nicht nur einen Besuch wegen der barocken Orgel, die als eine der ältesten des Landes gilt.

Bemerkenswert ist die Darstellung des langhaarigen Jesus am Kreuz. Geschaffen wurde das Kruzifix vermutlich um 1461 in der Spätgotik. Man vermutet, dass der Essinger Kruzifixus aus der Schule des in Horb am Neckar gebürtigen Veit Stoß stammt. Das lässt sich aber nicht nachweisen. Die wenigen erhaltenen Darstellungen des Gekreuzigten mit echten Haaren scheinen zumindest alle aus derselben Zeit und aus Nürnberg zu stammen, wo Stoß tätig war. Sind die Haare menschlich? Man weiß es nicht. Das in Nürnberg verbliebene Echthaarkruzifix wurde eingehend untersucht. Eine Analyse ergab, dass der dortige Jesus Rosshaar trägt.

Warum erscheinen solche Kruzifixe gerade in der zweiten Hälfte des 15. Jahrhunderts in Süddeutschland? Die Gefühle, die der Anblick Jesu auslösen sollte, unterschieden sich durch die Epochen, die Darstellungen waren unterschiedlich realistisch. Mal steht Jesus als Sieger da, mal als Retter, doch im 15. Jahrhundert, zur Zeit der Reformation, wird er leidend, gequält, gebrochen dargestellt und sollte Mitleid erregen. Der Essinger Christus hat eingefallene Wangen, beißt im Schmerz die Zähne zusammen und hat die Augenlider halb geschlossen, ist mager. Man sieht jede Rippe. Die echten Haare unter dem ebenfalls echten Dornenkranz könnten ein Versuch sein, Jesus menschlich erscheinen zu lassen.

Der Kreuzesstamm war ursprünglich etwa eineinhalb Meter länger, sodass der Korpus höher im Raum schwebte, mit dem Lendenschurz in Höhe der Emporenbrüstung. Erst 1964/65 wurde das Kreuz abgesägt, damit es den Besuchern den Blick auf die alte Orgel nicht versperrt. Die Orgel stammt aus dem Jahr 1668 und ist damit eine der ältesten in Württemberg. Finanziert wurde das Instrument von der freiherrlichen Familie von Wöllwarth und weniger blaublütigen Gemeindemitgliedern.

LAGE: Evangelische Quiriniuskirche Essingen, Kirchgasse 16, 73457 Essingen

ÖFFNUNGSZEITEN: an allen Tagen des Jahres tagsüber

HALTESTELLE: Essingen Ritter (Bus 44 ab Aalen)

GEISLINGEN

AUSSICHT GENIESSEN

Ruine Helfenstein

Burgen kommen, Burgen gehen, Burgen kommen wieder. Bis 1930 lag die Burg Helfenstein, oder besser gesagt ihre kaum mehr wahrnehmbaren Reste, in dichtem Wald. Erst danach rückte sie wieder ins Bewusstsein der Geislinger und der Umgebung, wurde ausgebuddelt, freigeschnitten, saniert und wieder zu einer Burganlage gemacht, die durchaus lohnt, besichtigt zu werden. Heute thront sie wieder, von Ferne zu sehen, dort auf dem Bergrücken, wo die Täler der Eyb, des Rohrbachs und des Talgrabens zusammenlaufen.

Helfenstein ist nicht aus einem Guss und war es nie. Sie war eine kleine, klassische Spornburg, die um 1100 an einer unangreifbaren Stelle mit guter Sicht zu Freund und Feind errichtet wurde. Da der Bergsporn nach zwei Seiten steil abfällt, galt es, eine nur recht schmale Seite gegen Angreifer durch eine zweite Mauer und Gräben zu schützen.

Das Geschlecht der Helfensteiner gewann unter den Stauferkaisern an Bedeutung: Ihr Gebiet umfasste Mitte des 14. Jahrhunderts Geislingen, Heidenheim, Blaubeuren und Wiesensteig und fiel dann an Ulm. Die Burganlage wurde ausgebaut und, je raffinierter die Waffen möglicher Angreifer wurden, mit immer ausgereifteren Verteidigungsanlagen ausgestattet. 1430 errichteten die Ulmer die ersten Rondelle, von denen man mit größeren Schusswaffen feuern konnte, ohne selbst unterzugehen.

Zur Blütezeit der Burg war Helfenstein umgeben von drei Mauerringen. Es gab die innere Kernburg, die sie umgebenden, ebenfalls eingefriedeten Wirtschaftsgebäude mit Backhaus, Pulverturm und Regenwassersammelbecken, aus dem man, sollte man belagert werden, Wasser schöpfen konnte, und – als dritten Ring – den äußeren Zwinger.

Im Jahr 1552, im »Markgrafenkrieg«, fiel die Burg an den Markgrafen von Brandenburg-Kulmbach. Nach wenigen Tagen eroberten die Ulmer die Burg Helfenstein zurück und zerstörten sie. Von den Gebäuden ist heute keines mehr erhalten. Der Palas, der Wohnbereich des Vogtes, wurde durch einen neun Meter hohen Aussichtsturm mit Restaurant ersetzt.

Und wenn man schon mal dort ist:

Das berühmteste Bauwerk Geislingens ist die Geislinger Steige. Zwischen Geislingen und Amstetten steigt die Bahnstrecke mit bis zu 22,5 ‰ an.

LAGE: Burg Helfenstein, 73312 Geislingen an der Steige

ÖFFNUNGSZEITEN: Burgschenke: bei gehisster Fahne geöffnet

HALTESTELLE: Weiler Helfenstein (Bus 57 von Geislingen an der Steige Bahnhof Richtung Schalkstetten Schule)

GEISLINGEN

INS PARADIES KOMMEN

Baptisteriumstür bei WMF

1452 hatte der Renaissancekünstler Ghiberti die Haupttüre des Baptisteriums in Florenz nach 25 Jahren Arbeit vollendet. Es handelt sich um eine feuervergoldete Bronzetüre, deren Figuren plastisch aus den Feldern der Türe herausragen und deren Bilder eine davor noch nie gesehene Tiefe hatten.

Heute ist auch am Dom in Florenz selbst nur eine Kopie zu sehen. Das Original zeigt sich im Dommuseum den Besuchermassen. Eine weitere Kopie gibt es übrigens in San Francisco … Doch Geislingen ist näher und weniger überlaufen. Man hat den Saal, in dem die beeindruckende, in zehn Relieffelder unterteilte, sechs Meter hohe Türe steht, meist für sich, nachdem man sich am Werkstor 1 der WMF gemeldet und in eine Liste eingetragen hat. Damit auch nicht hundertprozentig bibelfeste Besucherinnen und Besucher die Darstellungen verstehen können, erhalten sie eine kopierte, mehrseitige Beschreibung und werden dann von einem Pförtner in das Nebengebäude begleitet. Da steht sie: Perfekt beleuchtet, geschützt, temperiert – die Kopie, für die die Abgüsse vom Original 1912 abgenommen wurden. Die Replik zeigt Details, die im Original schon verschwunden sind. Auch sie ist vergoldet.

Beeindruckend ist, wie plastisch die Emotionen der dargestellten Figuren sichtbar werden, wie ihre Körperspannung und ihre Mimik ihre Gefühle verraten, etwa die des israelischen Volkes vor seinem Zeltlager, das sich über Blitz, Donner und Trompetenschall erschreckt, als Moses die Gesetzestafeln in Empfang nimmt. Ein kleines Kind versucht, sich in den Falten des Gewandes der Mutter zu verstecken. Die Lebendigkeit, mit der selbst Nebenfiguren dargestellt sind, wie zwei Besucher, die beim Besuch der Königin von Saba bei Salomon von der Balustrade schauen, ist unnachahmlich – selbst oder gerade auf der Nachahmung in Geislingen.

Und wenn man schon mal dort ist:
Die Fischhalle, in der vor über 100 Jahren Fische an die Mitarbeiter der WMF ausgegeben wurden, ist heute Teil eines Outletcenters, wo man neben Besteck auch Büstenhalter, Kekse und Rasenmäher bekannter Marken günstig erwerben kann.

LAGE: WMF Group GmbH, Eberhardstraße 35, 73312 Geislingen/Steige

HALTESTELLE: WMF Tor 1 (Linie 51 ab ZOB Geislingen Richtung Seebach Krankenhaus)

GEISLINGEN

SCHLÖSSER BESTAUNEN

Das Museum im Alten Bau

Der Alte Bau beeindruckt, anders als andere Fachwerkhäuser, nicht durch besonders kunstvolles Fachwerk oder Verzierungen, das Besondere an ihm ist seine unglaubliche Größe. Mit seinen acht Stockwerken ist der einstige Kornspeicher eine Art Mittelalterwolkenkratzer. Hier wurden die von den Geislingern in Naturalien gezahlten Steuern, die der Freien Reichsstadt Ulm zustanden, gesammelt. Genau gegenüber befindet sich das Amt des Kornschreibers, also des Mannes, der die Steuern einzutreiben hatte. Sein Haus wurde im Verlauf des Jahres 1397 errichtet.

Heute werden im Alten Bau keine Feldfrüchte mehr gesammelt, sondern Objekte aus der Stadtgeschichte, wie ein Modell der Geislinger Steige, ein kunstvolles Bild aus Menschenhaaren, ein Holzstück des Baumes, an dem die Schützenscheiben hingen, samt Einschuss. Man findet Kunstblumen unter Glas aus dem 18. Jahrhundert, als man das Aufstellen frischer Blumen in Wohnungen noch morbide fand – echte Blumen waren Gräbern vorbehalten. Auf einem alten Teller ist zu lesen: »Schweines Fleisch mit samt der Haut ist mir lieber als das Kraut.« Es gibt Hornbesteck, lederne Feuerwehreimer und Kanonenkugeln zu bestaunen – ein unglaublich vielseitiges Sammelsurium, das auf museumspädagogische Aufarbeitung wartet.

Sehr modern und ansprechend wird eine Sammlung ausgestopfter Vögel präsentiert. Highlight ist jedoch das ins Museum integrierte Südwestdeutsche Schatztruhenmuseum, das verschließbare Kisten und Kästen aus verschiedenen Jahrhunderten zeigt, die in ihrer Verarbeitung und durch ihre ausgetüftelte Schließmechanik selbst Kunstschätze sind. An den Wänden werden verschiedene Schließmechanismen anschaulich demonstriert, und Tafeln informieren über die Stilgeschichte von Schatztruhen. Vom 15. bis ins 19. Jahrhundert waren sie in Gebrauch.

Und wenn man schon mal dort ist:

In Geislingen-Altenstadt befand sich ab dem 14. Jahrhundert ein Siechenhaus, eine Einrichtung für »Sondersieche«, also Kranke, die aus der Gemeinschaft abgesondert wurden. Die Lepra ist längst ausgestorben, das Siechenhaus abgebrochen, doch erhalten wurde die Siechenkapelle, in der die Kranken seelsorgerisch betreut wurden, da sie öffentliche Kirchen nicht betreten durften.

LAGE: Museen im Alten Bau, Moltkestr. 11, 73312 Geislingen

ÖFFNUNGSZEITEN: täglich von Mai bis Oktober außer Montag von 15.00–17.00 Uhr

HALTESTELLE: Geislingen (Steige) mit der Regionalbahn R1 ab Stuttgart

LAGE: Johanneskirche, Pfarrstraße 8, 73333 Gingen an der Fils

ÖFFNUNGSZEITEN: dienstags, mittwochs, donnerstags von 9.00–12.00 Uhr (Kirchenschlüssel entleiht das Gemeindebüro) oder nach telefonischer Vereinbarung, Tel. 07162-931703

HALTESTELLE: Gingen Große Gasse (Bus 51 von Geislingen/Steige ZOB Richtung Gingen (Fils)

GINGEN AN DER FILS

NACHDENKLICH WERDEN

Johanneskirche

In Gingen befindet sich über dem Portal des Langhauses der Johanneskirche die Kopie des inzwischen in der Kirche aufbewahrten Weihesteins mit der ältesten Bauinschrift des gesamten deutschen Sprachraums: Im Jahr 984, am 1. Februar, wurde hier ein Oratorium, ein privates Bethaus, vom Konstanzer Bischof Gebhard geweiht. Wo genau sich dieses Gebäude befand, konnte bisher archäologisch nicht geklärt werden.

Die Kirche, die man heute sieht, ist aber auch beachtenswert. Der Turmsockel entstand um 1280 und wurde wahrscheinlich nach königlicher Weisung von den Herren von Rechberg in Auftrag gegeben. Sein Aufbau entspricht dem Bergfried einer Adelsburg. Von hier aus konnte der Eingang zum Filstal kontrolliert werden. Insgesamt ist die Kirche wehrhaft errichtet, eine Fluchtkirche, die die Bevölkerung vor Angreifern schützte. Ursprünglich war sie ummauert, und auf dem Kirchengelände befand sich ein Brunnen.

Vor Feinden eher metaphysischer Art warnen die Gemälde im Inneren der Kirche: »O ir Menschen, bedenket das schröckliche Urtail!« Das große Wandbild von 1524 zeigt das Jüngste Gericht. In dem Patrizier, der ein Banner hält und die Menschen vor der Verurteilung zu Höllenqualen warnt, wird das Selbstporträt des Malers vermutet, Martin Schaffner. Der andere Warnende ist Moses, durch einen Übersetzungsfehler in der Bibel mit Hörnern dargestellt.

Die Familie, die das Bild kurz vor dem Bauernkrieg stiftete, ist mit all ihren Kindern abgebildet. Die erwachsenen Söhne tragen schon Schwerter. Jesus sitzt als Richter über den Wolken auf einem Regenbogen. Seine Füße stehen auf dem Globus, Maria und Johannes der Täufer sitzen als Fürbittende neben ihm, um für die Menschen ein gutes Wort einzulegen. Erzengel Michael kämpft um die Seelen der Menschen und kann dennoch nicht verhindern, dass manche von einem Höllenhund und dem Teufel gegen ihren Willen an die Höllenpforte geschleppt werden.

Und wenn man schon mal dort ist:
Der Rundwanderweg 1 (7 km) der Gemeinde Gingen beginnt am Rathaus, überquert die B10 und führt über den Steinenfurtweg zum Rehgulasch aus heimischer Jagd des Landgasthauses Grünenberg (unbedingt reservieren!) und zurück durch das Biotop Turm, in dem man mit Glück Kammmolche und Wasserspitzmäuse beobachten kann.

GÖPPINGEN

TREPPEN STEIGEN

Schloss mit Rebenstiege

Badekuren – das waren in früheren Jahrhunderten keine Zwangsaufenthalte in den sterilen Zweibettzimmern einer Rehaklinik, sondern Luxus, und sie verlangten auch eine entsprechende Unterkunft.

Herzog Christoph von Württemberg war nach einer Badekur im schon 1404 erwähnten Göppinger Sauerbrunnenbad gesundet, fand aber alle Unterkünfte dort nicht standesgemäß. So veranlasste er, dass in der Stadt dort, wo einst eine Wasserburg stand, ein fürstliches Schloss gebaut würde für künftige Aufenthalte, aber auch für andere erlauchte Kurgäste. So entstand in den Jahren 1550 bis 1568 eine repräsentative Vierflügelanlage im Stil der Renaissance. Das Gebäude besaß vier runde Treppentürme in den Ecken des Innenhofs, wobei eine dem Personal diente und eine nur von Personen adeligen Standes betreten werden durfte. Diese kunstvolle Wendeltreppe mit dem Württemberger Wappen über der Eingangstür wird Rebenstiege genannt, weil sich an der Unterseite ihrer Stufen über zweieinhalb Stockwerke, über 79 Stufen hinweg, ein aus dem Stein herausgearbeiteter Rebstock hinaufrankt, zwischen dessen Ästen, Blättern und Trauben sich 13 Tiere verbergen.

Heute wird das Haus als Amtsgericht genutzt, aber auch die adeligen Besucher haben es nicht alle wirklich freiwillig betreten. Herzogin Maria Augusta von Thurn und Taxis wurde hier nach einem Streit mit ihrem Sohn Carl Eugen von 1750 bis zu ihrem Tod 1756 quasi weggesperrt.

Im Jahr 1815 wurden nach der Schlacht von Waterloo Jerôme Bonaparte und seine Gattin Katharina von Württemberg im Göppinger Schloss in standesgemäßem Ambiente, aber streng observiert untergebracht. Ihre Briefe wurden gegengelesen, und sie konnten sich nur unter den Augen von Wachen nach draußen begeben.

Wohl dem, der – früher und heute – das Schloss freien Fußes betreten, besichtigen und verlassen kann!

LAGE: Amtsgericht, Schloßplatz 1, 73033 Göppingen

ÖFFNUNGSZEITEN: montags, dienstags, mittwochs und freitags: 9.00–11:30 Uhr, donnerstags 14.00–15.30 Uhr

HALTESTELLE: Landratsamt (Bus 11 von Göppingen ZOB Richtung Lorch oder Bus 260 von Göppingen ZOB Richtung Schorndorf)

GÖPPINGEN

AKROBATEN SEHEN

Städtisches Museum im Storchen

Das Museum im Storchen präsentiert eine Ausstellung, die alles andere ist als heimattümelnd, auch wenn man viel über Göppingen und seine Geschichte lernt, etwa, wie Göppingen zu seinem von rechten Winkeln geprägten Grundriss kam. Es zeigt aber auch internationale Lebenswege auf.

Besonders auf Kinder ist die Ausstellung ausgerichtet. Sie können an einem Spieltisch erleben, wie klein die Notrationen an Lebensmitteln nach dem Zweiten Weltkrieg waren. Es steht die Frage im Raum: Wirst du davon satt? Ein Kinderkleidchen wird gezeigt, das nach dem Krieg aus alten Militäruniformen geschneidert wurde. Es wird des gebürtigen Göppingers, später Amerikaners, gedacht, August Fröhlich, der die »beschte Soitawirschtla von Detroit« herstellte und nach dem Krieg Tausende Lebensmittelpakete nach Göppingen schickte. Er war der erste Amerikaner, der ein deutsches Bundesverdienstkreuz verliehen bekam.

Spielwaren bilden einen Schwerpunkt des Museums. Einen wichtigen Platz nimmt der Humpty-Dumpty-Circus mit beweglichen Tieren und Akrobaten ein, hergestellt in einer von einem Göppinger Auswanderer, Albert Schoenhut, in Florida gegründeten Fabrik. In den ersten Jahren in den USA importierte und reparierte er Kinderklaviere. Als Albert Schoenhut 1912 starb, war seine Firma der größte Produzent von Spielzeug in Amerika und die erste Firma, die Spielzeug nach Deutschland exportierte.

Und was wäre ein Göppinger Museum ohne Märklin? Es sind im Museum neben Eisenbahnen auch Kinderherde ausgestellt, mit denen die Firma ihre erfolgreiche Geschichte begann.

Stadtgeschichte, Industriegeschichte und Kulturgeschichte haben nicht nur Männer geschrieben, das zeigt das Museum in Göppingen ganz deutlich. Caroline Märklin wird gewürdigt, ebenso Rosina Dorothea Knoer. Ihr hat die schwäbische Welt das älteste überlieferte Spätzlesrezept zu verdanken. Schon 1783 wurde es im von ihr verfassten Göppinger Kochbuch abgedruckt.

LAGE: Städtisches Museum im Storchen, Wühlestraße 36, 73033 Göppingen

HALTESTELLE: Bahnhof und Busbahnhof Göppingen

ÖFFNUNGSZEITEN: dienstags bis samstags 13.00–17.00 Uhr, sonntags und feiertags 11.00–17.00 Uhr

GÖPPINGEN-BARTENBACH

ARMENISCH FEIERN

Chatschkar

Chatschkare symbolisieren als Hoffnungszeichen Leben und Tod in einem, sie sind typische religiöse Kunstwerke der armenischen Kultur. Der Chatschkar (Kreuzstein) im Zentrum von Bartenbach ist aus rotem Stein. In seiner Mitte befindet sich ein Kreuz, das Zeichen des Todes, jedoch mit Ecken, die die Form von sprießenden Blättern haben. Die flachen Ornamente sind nicht endende, geometrisch verschlungene Bänder, Unendlichkeitssymbole. Das Kreuz steht auf einer Sonnenscheibe. Umgeben ist das Kreuz wiederum von ineinander verschlungenen Ranken und Blättern. Oben schließt der Stein mit sechs Granatäpfeln ab, die wegen ihrer unzähligen Körnchen für Fruchtbarkeit und Wohlstand stehen.

Wie kommt ein armenischer Kreuzstein ausgerechnet nach Bartenbach vor ein altes Dorfkirchlein? Er soll der Opfer des Genozids gedenken und wurde im November 2015 geweiht. Die alte Kirche in Bartenbach, die früher Otmarskirche hieß, aber vor über 40 Jahren von der evangelischen Kirche aufgegeben wurde, ist seit 30 Jahren die Kirche der armenischen Gemeinde Bartenbach und trägt den Namen Surb Patarag – Kirche zum Heiligen Kreuz. Es ist die älteste armenische Kirche Deutschlands. Hier am Hohenstaufen feiern hauptsächlich aus der Türkei stammende armenische Familien ihre Gottesdienste. Zu den Gottesdiensten sind, zum Beispiel während der armenischen Kulturtage, die einmal jährlich in Baden-Württemberg stattfinden, auch Menschen aus anderen Kulturen geladen. Innen ist die Kirche eine Mischung aus schwäbischer Dorfkirche mit typischer Holzempore und Kirchenbänken und armenischen Ikonen. So vereinen sich die Kulturen über alle Länder hinweg!

Und wenn man schon mal dort ist:
Vor dem ehemaligen Gasthaus Rose, Lorcher Straße 122, kann man sich an einem Verkaufsautomaten von Wildspezialitäten Göbel mit herzhaften Rehknackern, Feldhasenpastete mit Pistazien, Hirschsalami, Wildschweinfleischkäse und anderen Köstlichkeiten eindecken.

LAGE: Armenisch-Apostolische Kirche zum Heiligen Kreuz, Lerchenberger Str. 48, 73035 Göppingen

ÖFFNUNGSZEITEN: zu den Gottesdienstzeiten, siehe: https://agbw.org/termine/

HALTESTELLE: Göppingen/Bartenbach Lorcher/ Lerchenberger Str. (Bus 260 ab Schorndorf oder Göppingen)

GÖPPINGEN-FAURNDAU

WILDOBST KOSTEN

Wildobstlehrpfad im Gärtnerhof

Das »Scheißpflaimle« hat seinen Namen von seiner verdauungsfördernden Wirkung – wenn nämlich die Früchte oft schon vor der Ernte und noch am Baum hängend aufgrund von Sonnenwärme oder Insektenfraß zu gären beginnen und dann auf Kinder abführend wirken. Die Art mit dem lateinischen Namen prunus cerasifera stammt aus Kleinasien und Westsibirien, sie verbreitete sich vor 2.000 Jahren von Griechenland aus auch in Europa. Und obwohl das Scheißpflaimle nicht autochthon, also hier nicht wild gewachsen ist, so gehört es doch zu den Wildobstsorten, die man auf dem Gelände der Gärnerei Jeutter kennenlernen kann – und deren Geschmack man, wie den von anderen Sorten, dort auch testen kann. Die Bäume des Wildobstlehrpfades werden abgeerntet und zu Marmelade verarbeitet, die vor Ort verkauft wird. Auf den Informationstafeln findet man auch Angaben, die für Gartenbesitzer interessant sind, etwa, dass die Pflaume Wurzelausläufer bildet.

Auch Heilpflanzen, wie die hippe Aronia, zu Deutsch Apfelbeere, sind zu sehen, immer mit Hinweis auf den ökologischen Nutzwert der Pflanze. Die Aronia, die auch in Kübeln wachse und hauptsächlich in Sachsen angebaut werde, diene nicht nur dem Menschen bei Problemen mit dem Bluthochdruck, sie sei auch eine Bienenweide und ein Vogelnährholz, so ist es zu lesen. Die Angaben auf den Informationstafeln sind interessant, denn sie geben nicht nur Auskunft über die heilenden Inhaltsstoffe der Früchte, sondern auch auf deren Wuchshöhe und die Verwendung der Früchte.

Wer den nicht barrierefreien, 2016 eröffneten und 2018 mit dem LEA-Mittelstandspreis prämierten Lehrpfad durchschritten hat, bekommt Lust, einige der Wildobstarten im eigenen Garten anzupflanzen, etwa die Eberesche, deren Früchte nur der Sorte Edulis roh verzehrbar sind. Für den Garten infrage kommt auch die Kornelkirsche. Dass man die Pflanzen direkt in der Gärtnerei erwerben kann, ist selbstverständlich.

LAGE: Gärtnerhof Jeutter, Schinderhalde 1, 73035 Göppingen-Faurndau

ÖFFNUNGSZEITEN: montags bis freitags von 9.00–12.30 und 14.00–18.00 Uhr, samstags von 9.00–14.00 Uhr, sonn- und feiertags ist das Schaugelände ebenfalls geöffnet

HALTESTELLE: Faurndau (Bus 261 ab Ebersbach oder Göppingen)

GÖPPINGEN-HOHENSTAUFEN

HÖREN, SEHEN, ESSEN

Ruine Hohenstaufen

Die markantesten, von Ferne sichtbaren Erhebungen zwischen Fils und Rems, zwischen Göppingen und Schwäbisch Gmünd, sind die Drei Kaiserberge Hohenstaufen, Rechberg und Stuifen. Sie prägen das Landschaftsbild und haben ihre Bezeichnung daher, dass der Hohenstaufen die Stammburg des Königs- und Kaisergeschlechts der Staufer trug. Die Überreste der Burg sind noch zu sehen, sehr viel jedoch ist nicht übrig geblieben. Wer dennoch zu Fuß auf die Kuppe spaziert, der weiß, warum sich dieser Ort für eine Burg geradezu aufdrängte: Der Blick öffnet sich weit in alle Himmelsrichtungen. Besucher können auf zwei gegossenen Bronzeplatten nachsehen, was alles zu sehen ist.

Man hat dort oben, auf einer der vielen Bänke sitzend, ein bisschen das Gefühl, über den Dingen zu schweben. Dazu tragen auch die Audioguides bei, die man kostenlos im Lokal »Himmel und Erde« entleihen kann. Sie sind nicht nur klassische Führer mit aufgesprochenem Text, sondern die einzeln anwählbaren Informationen wechseln sich ab mit mittelalterlichen Liedern, bekannten Sagen über den Berg und Gedichten. Alle Produkte, die man auf dem Berg verzehren kann, sind regionaler Herkunft: vom Gemüse über die Spätzle bis zum Göppinger Mineralwasser, Bier der Geislinger Kaiserbrauerei, Boller Apfelsaft sowie Weine aus dem Remstal. Auf der Speisekarte stehen natürlich Schnitzel »Barbarossa«, Maultaschen »Castel del Monte«, »Irenenglück« und Wurstsalat »Konradin« mit Hinweisen zur Geschichte der staufischen Namensgeber.

Noch mehr über die Staufer erfährt man nach dem Abstieg im Dokumentationsraum für staufische Geschichte, wobei hier auch die Herkunft der staufischen Frauen aus Byzanz, Aragon und Burgund und die Verflechtung der europäischen Herrschaftsfamilien aufgezeigt werden. Es wird aufgearbeitet, wie die Staufer, die von Schwaben aus ihre Herrschaft bis Süditalien ausdehnten, in späteren Jahrhunderten nationalistisch vereinnahmt wurden. Die Ausstellung zeigt ein Spendenbüchsle, mit dem für die Errichtung eines Nationaldenkmals auf dem Hohenstaufen gesammelt wurde. Es wurde nie gebaut. Zu wenig Geld fand ins Büchsle.

Heute bemüht man sich, mit einem internationalen Netzwerk an »Stauferstelen« die einstigen Herrscher übernational zu ehren, doch auch dabei hat man Jerusalem und andere Kreuzzugsziele weggelassen.

LAGE: Berggaststätte Himmel und Erde, Berg Hohenstaufen, 73037 Göppingen

Dokumentationsraum für staufische Geschichte, Kaiserbergsteige 22, 73037 Göppingen

ÖFFNUNGSZEITEN: Berggaststätte: wetterabhängig donnerstags bis samstags 12.00–22.00 Uhr , sonn- und feiertags 10.00–20.00 Uhr, gesonderte Ferienöffnungszeiten

Dokumentationsraum: 15. März bis 15. November: dienstags bis sonntags von 10.00–12.00 Uhr und 13.00–17.00 Uhr; 16. November bis 14. März nur am Wochenende

HALTESTELLE: Hohenstaufen Dorfplatz (Bus 13 ab Göppingen)

LAGE: Städtisches Naturkundliches Museum Göppingen, Boller Straße 102, 73035 Göppingen-Jebenhausen

ÖFFNUNGSZEITEN: von Mitte April bis Anfang November mittwochs und samstags 13.00–17.00 Uhr, sonntags und feiertags 11.00–17.00 Uhr

HALTESTELLE: Jebenhausen Alte Kirche (Bus 21 von Göppingen ZOB nach Betzgenriet)

GÖPPINGEN-JEBENHAUSEN

TROPISCH TRÄUMEN

Naturkundemuseum

Ein Naturkundemuseum in einem kleinen Stadtteil einer Kleinstadt? Da gibt es sicher eine verstaubte Sammlung aufgespießter Schmetterlinge und einige Herbarien mit vergilbten gequetschten Blättern, werden Sie denken. Von wegen! Das Museum in der alten Badherberge in Jebenhausen bietet eine modern präsentierte Ausstellung mit Mitmachstationen und bestaunenswerten Exponaten!

Die Tiersammlung zeigt Präparate teils in ihrer lebensechten Umgebung. Schilder machen auf besondere Fähigkeiten der Tiere aufmerksam, zum Beispiel darauf, dass der Steinadler etwa sechsmal so gut sieht wie ein Mensch und der Uhu seinen Kopf um 270° drehen kann. Wer weiß schon, dass Rotfüchse zwei Meter hoch und vier Meter weit springen können und der Wanderfalke die verbreitetste Vogelart der Welt ist, die nur in der Antarktis nicht vorkommt? Neben Raubvögeln ist auch deren Gewölle ausgestellt, die ausgespienen Essensreste von Turmfalke, Sperber, Habicht und Steinkauz. Man darf schnüffeln, wie ein Wildschwein riecht, und es liegen Lupen bereit, um die Schmetterlinge zu betrachten. In der prähistorischen Abteilung können Besucherinnen und Besucher alemannische Armbänder gestalten, ehe sie noch tiefer in die Geschichte zurückgehen.

In dem Gebäude, in dem ab dem Jahr 1610 Kurgäste in erwärmtem Sauerwasser badeten, taucht man heute im 2. Geschoss in die letzten 220 Millionen Jahre der Erdgeschichte ein. Zuerst dürfen Besucherinnen und Besucher mit der Hand über versteinerten Göppinger Meeresstrand streichen. Die Fossiliensammlung, die zeigt, was in und um Göppingen lebte, als sich hier in Schwaben ein tropisches Meer befand, ist beinahe unüberschaubar. Etwa 120.000 Artefakte hat der Eislinger Pfarrer Dr. Theodor Engel zusammengetragen, teilweise klein wie Stecknadelköpfe.

Es gibt aber auch größere und jüngere Fossilien zu sehen, den Backenzahn eines wollhaarigen Nashorns etwa, der linke Stoßzahn eines Mammutweibchens, im Kies der Fils entdeckte Mammutbackenzähne und einen Rhinozeroskiefer. Als die Mammuts lebten, herrschte Eiszeit, und von karibischen Temperaturen konnte das Wollnashorn – wie die Museumsbesucher heute – nur träumen.

Und wenn man schon mal dort ist:

Das jüdische Museum in der alten Kirche in Jebenhausen zeigt das Schild des jüdischen Gasthauses »Zum König David« und lädt ein, die jüdische Kultur kennenzulernen.

GÖPPINGEN-SCHIEFERGRUBE

ARCHE-TY-PISCH ESSEN

Waldeckhof

Der Waldeckhof ist zertifizierter Archehof: Anders als bei der Arche Noah sind von allen alten, bedrohten Tierrassen mehr als zwei Exemplare vorhanden, um die Zucht ohne Inzucht zu gewährleisten. Auf dem Waldeckhof leben ungarische Wollschweine, Limburger Rinder, Bronzeputen und Deutsche Lachshühner. Diese Lachshühner waren lange Zeit bei Landwirten sehr beliebt. Es sind Zwiehühner, das heißt, sie eignen sich als Legehenne und als Fleischlieferant zugleich. Ihr Fleisch ist schmackhaft, und die Federn sitzen locker – da kann man schnell mal ein Hühnchen rupfen … Die Hühner legen sowohl im Sommer als auch im Winter cremefarbene Eier, und ein nur meterhoher Zaun hält sie davon ab, auszubüxen. Da die Deutschen Lachshühner ruhig und zutraulich sind, werden sie zudem leicht die Lieblinge aller Kinder, die den Hof besuchen.

Das Ostfriesische Milchschaf ist eine Art eierlegende Wollmilchsau, eine sogenannte Dreinutzungsrasse; es liefert Milch, Wolle und Fleisch und war früher besonders auf kleinen Höfen beliebt. Aus der Milch der Milchschafe werden auf dem Waldeckhof Eis und Käse gemacht. Die Schafsmilch enthält sieben Gramm Eiweiß, sechs Gramm Fett und fünf Gramm Kohlenhydrate.

Mit ihrem »Schwäbischen Voralbkäse Natur« hat die Hofkäserei unter 150 eingereichten Käsesorten den dritten Platz beim »Deutschen Käsepreis 2018/2019« gewonnen. Den Käse und andere Bioprodukte kann man im Hofladen erwerben.

Schafsmilcheis in verschiedenen leckeren Sorten gibt es im Hofcafé: Ein Eisteller mit drei Vanillekugeln und Zwetschgen-Zimt-Mus oder Windbeutel mit Eis und Sahne sind eine kulinarische Entdeckung. Jeden Tag wird außerdem ein Mittagsgericht zwischen 5 € und 7,50 € angeboten. Eine weitere Besonderheit: Fleisch, Wurst und Käse werden auf dem Waldeckhof unter der Mitarbeit von Langzeitarbeitslosen oder Menschen mit Beeinträchtigungen hergestellt.

Der Waldeckhof bietet auch Führungen an, eine reine Hofführung dauert eine Stunde, beginnt am Bauerngarten und stellt die auf dem Hof lebenden Tiere in den Mittelpunkt. Eine eineinhalbstündige Führung schließt die Hofkäserei mit ein.

Und wenn man schon mal dort ist:

Immer mehr Menschen erträumen sich ihre letzte Ruhe in einem Wald. Im FriedWald Wangen sind solche Naturbestattungen möglich. Regelmäßig gibt es Führungen von Fried-Wald-Förstern.

LAGE: Waldeckhof Staufen Arbeits- und Beschäftigungsförderungs GmbH, Waldeckhof 1, 73035 Göppingen

ÖFFNUNGSZEITEN: Hofcafé: dienstags bis samstags 10.00–18.00 Uhr, sonn- und feiertags 13.30–18.00 Uhr

HALTESTELLE: Waldeckstraße (Bus 92 Richtung Klinik am Eichert)

LAGE: Schäferei Herb, Am Viehweg 3, 73337 Hausen

ÖFFNUNGSZEITEN: Hofladen: samstags von 09.00–12.00 Uhr

HALTESTELLE: Hausen Siedlung (Bus 55 von Geislingen an der Steige Richtung Unterböhringen)

HAUSEN AN DER FILS

SCHAFE STREICHELN

Schäferei Herb

Keine Tierart verbindet man so sehr mit der Schwäbischen Alb wie die Schafe, die die Wacholderheiden erhalten, welche das Landschaftsbild auch um Hausen prägen. Schafe sind echte Umweltschützer. Sie weiden das Gras nicht gleichmäßig ab, sondern lassen, anders als Mähwerke, Raupen und Insekten die Chance, auf einen anderen Halm oder eine andere Blume überzusiedeln. Sie sind daher unabdingbar für die Artenvielfalt der Trockenwiesen.

Die Schäferei Herb ist, im Gegensatz zu manchen anderen Albschäfern, ein Standortbetrieb, was für Ausflügler den Vorteil hat, dass es im Ort auch tatsächlich Tiere zu sehen gibt. In Hausen gibt es keine weitere Landwirtschaft mehr außer den Herbs, kein Milchviehhalter benötigt Heu – und so können die Schafe der Herbs alle Wiesen rund um Hausen beweiden. Die ganzjährige Weidehaltung garantiert eine hervorragende Qualität der Produkte, die auf dem Hof verkauft werden: Es gibt Fleisch und Würste, Felle, bunte, gekämmte Wolle zum Filzen – aber auch Schafsmilchseifen, Babyschuhe, sehr originelle Filztaschen und bunte Filzhüte. Schafwolle kann man fertig gesponnen kaufen, um Pullover zu stricken, die garantiert warm halten.

Die meisten Schafe sind auf der Weide, doch die gerade niedergekommenen Mutterschafe und ihre Lämmer sind im Stall. Mit etwas Glück kann man zuschauen, wie ein Lämmchen zur Welt kommt. Das Mutterschaf säubert die Nase von Eihäuten, Schleim sowie Fruchtwasser und leckt sein Junges sauber. Man kann danach beobachten, wie das Lämmchen von der Mutter aufgefordert wird, aufzustehen, und wie es, genervt von der Stupserei, aufsteht und wackelig und noch verschmiert auf seinen Beinchen steht. Eine normale Geburt bei Schafen dauert etwa eine Stunde. Eine halbe Stunde danach kann das Neugeborene bereits stehen. Die Mutter hilft dem Kleinen, das Euter zu finden, und steht ganz still.

Kinder besuchen liebend gern den Streichelstall der Herbs mit Augusta, Leni, Paul und Gambrina – die drei Esel, ein Pferd und zwei Schafe sind ganz wild darauf, gekrault zu werden.

Und wenn man schon mal dort ist:

Die von Weitem sichtbare Hausener Wand ist das Zuhause eines der wenigen Brutpaare des Uhus in Baden-Württemberg. Im Winter ist auch der die ziegelroten Flügel ruckartig spreizende äußerst seltene Mauerläufer hier zu Gast.

HEUBACH

INS KORSETT ZWÄNGEN

Miedermuseum

Nicht nur Kleider unterliegen der Mode, sondern auch Körperformen. Das macht der Besuch des Museums im Heubacher Schloss deutlich – Frauen waren für eine hippe Figur sogar bereit, sich in ein enges Korsett zu zwängen.

Neben einem Webstuhl, der an die Heimweberei erinnert, und einem martialischen Metallkorsett, das medizinischen Zwecken gedient zu haben scheint, gibt es in Vitrinen und Schubladen Unterwäsche zu sehen, die den weiblichen Körper ästhetisch verpacken sollte. Das war nicht unaufwendig, und es gab eigens gedruckte Bedienungsanleitungen zum Anlegen der Unterwäsche.

Die Exponate sind generell durch Schriftquellen und Erklärungen hervorragend in ihren kulturhistorischen Kontext eingebettet. Es wird in der Vitrinenbeschriftung etwa erklärt, dass sich um 1900 auch Arbeiterinnen für etwa einen Tagesverdienst ein Korsett von der Stange leisten konnten. Daneben ist eine zeitgenössische Schilderung abgedruckt, in der geklagt wird, dass Köchinnen bei ihrer Arbeit beinahe entzweibrächen: Das Korsett war von einem Modeaccessoire ausschließlich gehobener Stände zu einem Modediktat geworden, dem sich Frauen unabhängig von ihrer Stellung zu beugen hatten. Gleichzeitig begann sich aber eine Gegenbewegung zu formieren, die den freien Körper propagierte und eine Kleidung, die auch beim Sport nicht hinderlich war, anpries.

Ein bräunliches, hoch geschnürtes Mieder wird als Modell aus der Zeit des Ersten Weltkriegs vorgestellt. In ihm sollten Frauen unbeschränkt auch in Männerberufen arbeiten können. Das Korsett sollte nicht sexy sein, im Gegenteil. Es sollte »sittlichen Schutz« vor den Kollegen bieten.

Ob flache Brust oder Spitzbusen – das Museum zeigt bis ins Heute, wie und wann man mogelte. So klein das Museum ist, so umfassend wird man über die Geschichte des »Darunter« informiert. Und manche Exponate darf man sogar anprobieren.

Und wenn man schon mal dort ist:
Im »Alten Sudhaus« in Heubach wurde bis in die 1950er-Jahre Bier gebraut. Hier kann man zwischen den erhaltenen, alten Braukesseln bei einem Vesper im ehemaligen Kühlschiff oder im Biergarten die Biere aus heutiger Produktion genießen, natürlich auch ein „Altes Sudhaus".

LAGE: Miedermuseum, Schloßstraße 9, 73540 Heubach

ÖFFNUNGSZEITEN: dienstags 9.00–13.00 und 15.00–18.30 Uhr, mittwochs 9.00–12.00 und 15.00–18.00 Uhr, donnerstags 9.00–12.00 Uhr, freitags 9.00–12.00 und 13.00–17.00 Uhr, samstags 9.00–13.00 Uhr und sonntags 14.00–17.00 Uhr

HALTESTELLE: Marktplatz (Bus 1 von Schwäbisch Gmünd oder Bus 267 von Böbingen/Rems oder Bus 7922 von Aalen)

HEUBACH

WIE KÖNNER KRAXELN

Rosensteinruine

Am Rosenstein gibt es drei Klettermöglichkeiten: den über Lautern liegenden Ostfelsen, den man aber nur durch Abseilen erreichen kann, den Sofienfelsen und den Westfelsen, zu dem man vom Weg zur Ruine links abzweigt.

Der Westfelsen ist der beliebteste Felsen, der durch die vielen Begehungen auch schon etwas glatt geworden ist, neue Touren dürfen nicht erschlossen werden. Links der Route »Schräger Riss« gilt ein Kletterverbot. Der bis zu 30 Meter hohe Fels aus Kalk ist überwiegend gut mit Bohrhaken ausgestattet, für Anfänger und Kinder ist allerdings keine der 43 Routen geeignet. Die Route »Attitude« von Thomas Retter ist mit 10/10+ eine der schwierigsten der Schwäbischen Alb. Auf den Sofienfelsen führen 52 Routen ab Schwierigkeitsstufe II.

Der Rosenstein stammt, wie die anderen Felsen der Ostalb, aus dem Weißen Jura, aus der Zeit von 157 bis 135 Millionen Jahren vor heute. Damals war das Gebiet der Schwäbischen Alb von Meer bedeckt. Das Wachstum ausgedehnter Schwammriffe im Wasser führte zur Bildung massiger Kalksteine, von denen besonders widerstandsfähige Partien am Trauf und an den Talhängen der Alb als Felsen stehen geblieben sind.

Die Burg Rosenstein, die auf dem Felsen thront, war noch nie besonders leicht zu erreichen. Die Burg wurde bereits im 13. Jahrhundert erbaut und war schwer einzunehmen, denn um zu ihr zu gelangen, musste man entweder den Weg heutiger Sportkletterer nehmen, senkrecht die Wand hinauf, oder einen künstlich angelegten breiten Graben überwinden. Die Burg wurde tatsächlich nie eingenommen und auch nicht kriegerisch zerstört, aber sie wechselte immer wieder den Besitzer, wurde verpfändet und als Lehen vergeben. Schon zu Beginn des 16. Jahrhunderts galt die Immobilie als unbequem und abgeschnitten von der städtischen Infrastruktur. Ihre Besitzer, die Familie Wöllwarth, bauten sich in der Heubacher Stadtmitte selbst ein Schloss als Eigenheim und ließen die Burg mit riesigen Sälen, aber kaum beheizbar, oben auf dem Berg verfallen. Die Heubacher holten sich das, was noch zu brauchen war, als Baumaterial.

LAGE: Ruine Rosenstein, Auf dem Rosenstein, 73540 Heubach

HALTESTELLE: Rathaus Heubach (Bus 1 von Schwäbisch Gmünd oder Bus 267 von Böbingen/Rems oder Bus 7922 von Aalen)

HEUBACH

GESCHICHTE ERLEBEN

Archäopfad

Die Funde von der Alb haben unser deutsches Bild von der Steinzeit stark geprägt. In der Regel denken wir uns den Steinzeitmenschen als Höhlenmenschen. Dabei haben die Rentierjäger meist überhaupt nicht in Felsen, sondern in Zelten gelebt und gelagert – sogar am Rosenstein, wo es mit dem Finsteren Loch, der Dreieingangshöhle, der Höhle Haus und der Großen Scheuer immerhin einige Steinunterkünfte gegeben hätte.

Besonders ergiebig ist die Freiluftlagerstätte »Sand«, an der der gut beschilderte inklusive Alternativrouten und mit Informationen zur Erforschungsgeschichte versehene Archäopfad vorbeiführt. Er verbindet Fundstätten aus 15.000 Jahren Besiedlung des Rosensteins.

Der Weg ist im Großen und Ganzen auch mit Kinderwagen befahrbar, doch die Stufen hinab zur Großen Scheuer, die durch ihre riesigen, nach Norden ausgerichteten Tore zwar nicht erdrutschsicher war, aber den Steinzeitmenschen Licht bot, können nur von trittsicheren Wanderinnen und Wanderern begangen werden. Gleich danach gelangt man zur Höhle Haus mit ihrem spitzen Dach und einem Steintisch in der Mitte, deren Wohnqualität nicht nur Steinzeitmenschen, sondern auch Menschen zur Römerzeit und im Mittelalter zu schätzen wussten. Immer wieder wurde gegraben, mal legal, mal illegal.

Während die Steinzeitjäger vermutlich auf dem Rosenstein immer wieder bei der Durchreise vorbeikamen, hatten die Kelten hier eine durch eine imposante Wallanlage zur Albhochfläche gesicherte Siedlung. Erst 2016 konnte der Wall bei Lautern auf etwa 400 v. Chr. datiert werden. Bei 58 Hektar umfriedeter Fläche kann man davon ausgehen, dass der Rosenstein zur Keltenzeit eine überregionale Bedeutung hatte.

Ultraleichtflugzeugpiloten haben mit entsprechender Technik im Auftrag des Landesamts für Denkmalpflege im Jahr 2018 3-D-Bilder des Rosensteins erstellt. Dieses sogenannten Airborne-Laserscanning wird aktuell ausgewertet. Wer weiß, welche Geheimnisse der Berg über seine früheren Bewohner noch preisgibt.

LAGE: Start am Parkplatz Rosenstein, Pionierweg, 73540 Heubach

HALTESTELLE: Triumpf Heubach (Bus 1 von Schwäbisch Gmünd oder Bus 267 von Böbingen/Rems oder Bus 7922 von Aalen)

KAISERSBACH

IN DIE KURVEN LEGEN

Sommer- und Winterrodelbahn

Als in Deutschland die Winter begannen, seltener zu werden, und dies zu einem finanziellen Problem für Liftbetreiber wurde, begann die hessische Firma Wiegand eine Lösung zu suchen – und erfand die Sommerrodelbahn aus Edelstahl. 1975 wurde in der Rhön die erste Anlage eröffnet, und schon drei Jahre später erhielt Kaisersbach seine inzwischen auf 650 Meter verlängerte und modernisierte Rodelbahn. In ihr kann man sich in die Kurven legen und an der Geschwindigkeit berauschen.

Wenn die Ampel Grün zeigt, geht es los über Jumps und durch sieben Steilkurven. Sollte es einem zu schnell gehen, kann man mit einem Hebel bremsen. Sollte ein Fahrgast nicht mehr in der Lage sein, den Bremshebel zu betätigen, bremst der Wagen automatisch ab.

Den Berg hinauf gelangt man wieder ganz bequem: Im Tal klinken sich die Schlitten an das umlaufende endlose Drahtseil an, um sich an der Bergstation wieder automatisch zu lösen. Sperrsysteme in Schlitten und Schleppbahn verhindern, dass Schlitten rückwärts abgleiten können. Die Fahrgäste können es sich also auf ihren Schlitten gemütlich machen. Bei gutem Wetter sind in Kaisersbach durchschnittlich 25 Wagen in Betrieb. Bäume spenden den Wartenden Schatten.

Bei Regen muss die Bahn aus Sicherheitsgründen geschlossen werden, bei Schnee allerdings wird aus der Sommerrodelbahn eine »normale« Schlittenbahn. Dann rast man auf Kufen statt auf Rollen ins Tal. Auch für Skianfänger gibt es in Kaisersbach einen Lift, der geöffnet wird, sobald es die Schneedecke zulässt. Im Welzheimer Wald ist das häufiger der Fall als unten in den Tälern – und so machen sich viele Familien auf ins Weiße, solange an Neckar, Rems oder Murr nur Schneeregen fällt.

LAGE: Ski- und Rodelzentrum Kaisersbach, Winterhalde 1, 73667 Kaisersbach

ÖFFNUNGSZEITEN: samstags, sonn- und feiertags von 11.00–17.30 Uhr, während baden-württembergischer Schulferien zusätzlich montags bis freitags 14.00–17.00 Uhr und auf Anfrage. (www.rodelzentrum.de/Startseite)

HALTESTELLE: Kaisersbach Forststraße (Bus 283 ab Schorndorf Grabenstraße Richtung Kaisersbach) oder Kaisersbach Hauptstraße (Bus 330 von Rudersberg Bahnhof Richtung Kaisersbach)

KERNEN-ROMMELSHAUSEN

STRESSFREI GÄRTNERN

Kakteen Uhlig

Fast jeder hat im Garten oder auf der Terrasse diese Pflanzkübel, die schneller austrocknen, als man die Gießkanne neu befüllen kann, und nicht jeder mag seine Sommerabende mit dem Bewässern von Geranien verbringen. Trotzdem: Etwas Blühendes wäre ja schon schön! Für all diese Pflanzenfreunde hat Kakteen Uhlig die Lösung, eine hervorragende Auswahl winterharter Sukkulenten in allen Blütenfarben: Opuntien, Kakteen, Agaven, Hauswurze, die auch unter einer Schneedecke überleben und im Sommer vergessen werden dürfen.

Im Jahr 1992 hat sich Uhlig als erste deutsche Gärtnerei nach dem Washingtoner Artenschutzabkommen zertifizieren lassen. Die angebotenen Kakteen, auch die der 60 Arten von der Roten Liste, also vom Aussterben bedroht, sind alles Abkömmlinge von in der Gärtnerei vorhandenen Mutterpflanzen, die größtenteils aus Samen gezogen werden und teilweise Jahrzehnte wachsen müssen, bis sie blühen, mit dem Pinsel bestäubt werden und neue Samen produzieren. Aus ihnen werden Pflänzchen gezogen, die nach zwei bis drei Jahren zum Verkauf stehen. Bei Uhlig gibt es keine aus der Natur geraubten Exemplare.

Die Gärtnerei vermehrt und pflegt nicht nur Raritäten, sondern insgesamt 5.000 Arten von Kakteen und anderen Sukkulenten und natürlich die unterschiedlichsten Arten der »klassischen« Bauernkakteen Echinopsis mit ihren häufig großen, runden farbgewaltigen Blüten, die sich am Tag und in der Nacht öffnen. Die Pflanzen sind pflegeleicht, aber sie sollten ab Oktober für vier Monate oder ein halbes Jahr kühl stehen.

Kakteen sind Pflanzen für Menschen mit Geduld. Und wer genug davon besitzt, der kann bei Uhlig auch statt der Pflanzen Samen und Anzuchtzubehör erwerben. Wer sich einen stattlichen Kaktus wünscht, wird ebenso fündig. Den typischen mexikanischen Kaktus Pachycereus pringlei gibt es als Samen, als zehn Zentimeter hohes Pflänzchen oder bis zu 85 Zentimeter hoch.

LAGE: Uhlig Kakteen, Hegnacher Str. 31, 71394 Kernen-Rommelshausen

ÖFFNUNGSZEITEN: montags bis freitags von 9.00–18.00 Uhr, samstags 9.00–16.00 Uhr

HALTESTELLE: Lilienstraße Rommelshausen (Bus 211 ab Fellbach Bahnhof ober Waiblingen Bahnhof und Rommelshausen Bahnhof Richtung Stetten)

LAGE: Fußweg in Verlängerung der Jägerstraße, 71394 Kernen-Rommelshausen

HALTESTELLE: Rommelshausen Seestraße (Bus 211 vom Bahnhof Rommelshausen Richtung Stetten i. R.)

KERNEN-ROMMELSHAUSEN

IN DEN KELLER GEHEN

Ausgrabungstätte Villa Rustica

Die Römer, die ihr Reich immer weiter nach Norden ausdehnten, dürften diesseits der Alpen oft gefroren haben. Viele der Soldaten kamen ja nicht aus Rom, wo es auch merklich milder ist als in Deutschland, sondern aus Nordafrika oder Vorderasien. Also heizten sie tüchtig ein. Der vordere Raum der Villa Rustica bei Rommelshausen hatte Fußbodenheizung.

Die Heizung lag im Keller – und der ist in Rommelshausen bemerkenswert kunstvoll aus behauenen Schilfsandsteinen gemauert worden und über die Jahrhunderte hervorragend erhalten geblieben. Er besitzt Abstellnischen, hatte Fenster und war über eine Rampe zu erreichen. Man konnte sogar noch Vertiefungen im Kellerboden finden, die den Amphoren – tönerne Behälter für Wein, Öl, Fischsoße und was ein Römerhaushalt noch an Flüssigkeiten bevorratete – Halt gaben. Der Keller erstaunte die Archäologen, denn ansonsten handelt es sich um einen eher kleinen Gutshof mit nur fünf überschaubaren Räumen.

Ausgegraben hat man ihn 1971 im Gewann »Mäurech« – ein Flurname, der darauf schließen lässt, dass die römischen Mauern schon lange den Bewohnern Rommelshausens bekannt gewesen sein dürften. Aufgrund einer Sage, die von einem Hof an diesem Ort berichtete, und des Fundes von Scherben beim Bewirtschaften der Äcker und Gärten begann man zu buddeln und machte die Ausgrabungsstätte der Öffentlichkeit zugänglich. Der Weg ist allerdings nicht barrierefrei.

Wer lebte in der Villa? Genau weiß man es nicht. Der erste Besitzer war sicher ein Legionär, der 25 Jahre in der Armee gedient hatte und dafür als Rente einen Gutshof bekam. Das war so üblich. Der Hof versorgte nicht nur ihn, sondern die landwirtschaftlichen Erträge wurden an den Limes zu den Kastellen gebracht als Nahrungsmittel für die Soldaten. Zwar wurden auch durchaus Spezialitäten aus dem Süden importiert, aber da die Nutztiere deutlich kleiner waren als heute und auch die Getreidesorten noch deutlich weniger Körner pro Pflanze abwarfen, war eine große Anzahl dieser Landgüter wie in Rommelshausen notwendig. Mehrere Generationen werden dort Landwirtschaft betrieben haben, ehe Menschen, die die Römer Alamannen nannten, sie vertrieben haben. Alamannen? Sueben? Wie sie sich selbst bezeichneten, weiß keiner, nur, dass spätere Generationen Alamannen und Schwaben synonym verwendet haben.

LAUTERSTEIN

KLEINIGKEITEN BETRACHTEN

Firma Kage auf Weißenstein

Nur an wenigen Tagen im Jahr führt die Familie Kage Besucher durch ihr Schloss, das gleichzeitig auch ihr Arbeitsplatz ist: ein Studio für Mikrofotografie. Die Ritter von Weißenstein, die Erbauer des Schlosses, haben ihren Lebensunterhalt einst anders gesichert. Gegenüber führt eine Steige auf die Albhochfläche; hier ließ sich hervorragend Wegezoll eintreiben, gleichzeitig hatte man ein windgeschütztes Eckchen und – sehr wichtig – Trinkwasser.

Vom Ort Lauterstein muss man heute noch durch den Wald hinauf zum Schloss. Die überdachte Treppe, auf der die Ritter von Weißenstein auch bei Regen trockenen Fußes in die Kirche im Ort gelangen konnten, wird erst noch freigelegt. Meist aber waren die Burgherren auf dem Pferd unterwegs. Auf einer Reitertreppe konnten sie ohne abzusteigen in die Wohnräume reiten.

An der Treppe ist inzwischen ein Treppenlift angebracht. Ihn nutzt der heutige Schlossherr, der Gästen von seinem faszinierten Blick durch ein Mikroskop anno 1942 erzählt. Damals war er acht Jahre alt. Er zeigt sein erstes, aus Märklinteilen, einem Zahnarztspiegel und Patronenhülsen gebautes, Vergrößerungsgerät.

Herr Kage war und ist ein Tausendsassa, erscheint in Salvador Dalis Film »Eindrücke aus der hohen Mongolei« als Zauberer von Weißenstein und hat Apparate entwickelt, die Töne sichtbar machen können und deren Ergebnisse die Besucherinnen und Besucher von seinem Schwiegersohn demonstriert bekommen. Kage präsentierte sein Können auf der Weltausstellung in Osaka.

Bei der Besichtigung gibt es eine Vorführung von Dias, die winzigste Lebewesen zeigen. Man darf selbst durch Mikroskope sehen, bekommt einen Eisenmeteoriten in die Hand, denn Kages mikroskopieren nicht nur Lebendiges, sondern auch Mineralien. Manchmal gibt es per Mikroskop und angeschlossenem Beamer frisch gefangene Feuersalamanderlarven zu sehen, die danach wieder entlassen werden. Wasser gibt es nach wie vor genug auf Weißenstein.

LAGE: Familie Kage, Schloss Weißenstein, 73111 Lauterstein

ÖFFNUNGSZEITEN: siehe www.schlossweissenstein.de

HALTESTELLE: Lauterstein, Altes Rathaus Weißenstein (Bus 7688 ab Göppingen ZOB oder Süßen ZOB)

KAGE
MIKROFOTOGRAFIE

LAGE: Kloster Lorch, Klosterstr. 2, 73547 Lorch

ÖFFNUNGSZEITEN: von März bis Oktober täglich 10.00–18.00 Uhr, von November bis Februar von 10.00–17.00 Uhr; Führungen: von März bis Oktober samstags, sonn- und feiertags um 13:30 Uhr, von November bis Februar sonn- und feiertags um 15:00 Uhr

HALTESTELLE: Lorch Kloster (Linie 268 ab Lorch Bahnhof oder Alfdorf)

LORCH

IRENE VEREHREN

Kloster Lorch

Das hoch über dem Remstal gelegene, wehrhafte Kloster in Lorch war die Grablege der Staufer. Die Kirche wurde 1139 geweiht. Der Chor mit seinen gotischen Spitzbögen stammt aus dem 15. Jahrhundert und steigt steil an, weil unter ihm der Kreuzgang verlief. Von ihm und den Wohngebäuden ist nur noch der Nordflügel erhalten. Die Mönche schliefen dort in einem gemeinsamen Schlafsaal im Obergeschoss.

Um 1100 ließ der damals noch ziemlich unbedeutende Friedrich aus der Familie der Staufer auf dem Hohenstaufen eine Burg errichten, nach der man die Familie »die Staufer« nennt, Lorch war sein Hauskloster. Bedeutung bekam die Familie allerdings erst, als ihr die Herzogswürde über Schwaben verliehen wurde. Die Nachfahren von Friedrich sollten später ihr Regierungsgebiet bis Süditalien ausdehnen.

Internationale Kontakte hatten die Staufer sehr früh. 1208 wurde im Kloster Lorch eine der schillernden Personen der regionalen Geschichte beerdigt: Irene Maria. Sie war eine Tochter des Kaisers von Byzanz, Isaak II. Angelos, und stammte aus dem heutigen Istanbul. Zuerst wurde sie mit dem König von Sizilien verheiratet, nach dessen Tod heiratete sie Philipp von Schwaben. Kurz nach der Ermordung ihres zweiten Gatten starb die Weitgereiste mit 28 Jahren auf dem Hohenstaufen bei der Geburt ihres siebten Kindes.

Aus der Zeit Irenes stammen die damals üblichen rundbogigen Fenster der eleganten Pfeilerbasilika. Ihr Innenraum ist heute arm an Schmuck, jedoch klar in seinen Formen.

Im Mittelalter sah es in der Kirche anders aus: Um 1500 standen hier zwölf Altäre, sie waren mehreren Heiligen geweiht. Doch dann wurde Lorch evangelisch, der Schmuck verschwand, und nur eine einzige Kostbarkeit hat sich erhalten: ein Klappkruzifix aus dem 16. Jahrhundert. Die Benediktinermönche stellten mit der von einem unbekannten Meister aus Ulm gefertigten, bemalten Figur die Grablegung Christi nach. Am Karfreitag wurde während der Messe Jesus vom Kreuz genommen, die Arme wurden eingeklappt und die Jesusfigur in Tücher gewickelt. Während der Zeit der Aufklärung fand man solch realistische Inszenierungen peinlich, fast alle Kruzifixe mit Schulterscharnieren wurden ersetzt. Das in Lorch blieb. Ein Kunstwerk neueren Datums ist das detailreiche, farbenfrohe Rundbild von 2002, das Heinrich Kloss gemalt hat.

LORCH

VOR EULEN DUCKEN

Stauferfalknerei

Das zu seiner Zeit unglaublich moderne und wissenschaftliche Buch des Stauferkaisers Friedrich II. »Über die Kunst zu beizen« beruhte auf dessen eigenen Erfahrungen. Er war, ganz anders als die meisten Autoren seiner Zeit, im 13. Jahrhundert bereit, selbst griechischen Philosophen zu widersprechen, wenn seine eigenen Erfahrungen bei der Jagd mit Falken den alten Ansichten zuwiderliefen. Das Buch enthielt neben einer Einführung in die Vogelkunde auch Anleitungen zu Aufzucht, Ausbildung und Verwendung der Jagdfalken. Der Text wurde mit über 900 Zeichnungen über etwa 80 verschiedene Vogelarten bebildert.

Was liegt also näher, die staufische Kunst des Jagens mit Vögeln an einem Stauferkloster zu praktizieren und zu lehren? Gunter und Erik Pelz bieten Schnupperkurse, Wochenendkurse, spezielle Programme zu Adlern und Eulen und Kinderkurse an.

Wer sich nur für kurze Zeit faszinieren lassen möchte von den Künsten der Greifvögel, kann an einer Flugschau teilnehmen. Bei Sturm muss sie ausfallen. Die Gäste lernen Caspar, den zehn Kilogramm schweren Mönchsgeier mit über 2,5 Metern Spannweite kennen. Die Weißkopfseeadler Dakota und Watanka fangen ihre zu ihnen in die Luft geworfenen Hühnerbeine. Die Steppenadler Momo und Pirat lassen sich gerne fotografieren und fliegen so nahe über die Besucherköpfe, dass man einen Lufthauch spürt. Die Falkner tragen sie durch die Reihen, als Zuschauer ist man also mittendrin. Die Show stehlen können ihnen nur die Wüstenbussarde Juma und Pedro. Der Wüstenbussard ist der einzige Greifvogel, der in Gruppen jagt. Das prädestiniert ihn natürlich für Flugshows und die Beizjagd, denn Wüstenbussarde kooperieren gerne, auch mit dem Falkner.

Das Publikum wird in die Show einbezogen. Die Tiere seien, so die Falkner, süchtig nach Applaus und so wird nach jedem Kunststück geklatscht. Freiwillige dürfen nach vorne treten und erleben, wie Vögel zwischen ihren gespreizten Beinen hindurchfliegen. Angst vor Menschen haben die Tiere ganz offensichtlich nicht, selbst ansonsten scheue Eulen. Zumindest Oskar, der Virginia-Uhu, scheint sich gerne zu präsentieren. Er beherrscht den Gleitflug und den Sturzflug mit angezogenen Flügeln, und sogar auf dem Boden ist der Riesenvogel erstaunlich behände, schließlich haben seine Vorfahren rennend kleine Alligatoren verfolgt.

LAGE: Stauferfalknerei, Klosterstraße 2, 73547 Lorch

ÖFFNUNGSZEITEN: Flugschauzeiten von April bis Oktober: für Einzelbesucher mittwochs und samstags um 15.00 Uhr, sonntags und feiertags 11.00 Uhr und 15.00 Uhr, in den baden-württembergischen Schulferien zusätzlich dienstags und donnerstags um 15.00 Uhr; Termine für Schnupperkurse: www.stauferfalknerei.de/schnupperkurse

HALTESTELLE: Lorch Kloster (Linie 268 ab Lorch Bahnhof oder Alfdorf)

LAGE: Gärtnerei Bender, Herbstwiesenäcker 2, 73547 Lorch-Waldhausen

ÖFFNUNGSZEITEN: März bis Oktober donnerstags und freitags 9.00–12.30 und 14.00–18.00 Uhr, samstags 9.00–13.00 Uhr

HALTESTELLE: Bahnhof Waldhausen

LORCH-WALDHAUSEN

DIE ZUNGE VERBRENNEN

Gärtnerei Monika Bender

Die Gärtnerei mit Direktverkauf in Waldhausen ist ein Erlebnis – und zwar für alle Sinne. Allein 80 verschiedene Chilisorten werden angebaut! Diese sind eingeteilt in die Schärfegrade 1 – 10+, also ohne Schärfe bis extrem scharf. Ob die Chili im eigenen Garten einen dann tatsächlich Feuer spucken lässt, hängt allerdings auch von der Sonneneinstrahlung und anderen Wachstumsbedingungen ab. Als extrem scharf (10+) bezeichnet werden die neu gezüchteten Chili-chinense-Sorten, sie haben einen in Scoville ausgedrückten Schärfegrad von mindestens 250000. Dieser Wert wird bestimmt aus der Menge an Capsaicin in der Schote, also dem Stoff in Paprikapflanzen, der unsere Nervenenden reizt, sodass wir Hitze oder Schmerz empfinden. Die schärfsten in Waldhausen erhältlichen Sorten sind: »Trinidad Scorpion Butch T« (Weltrekord 2011) mit 1,46 Million Scoville und »HP22B Selected Carolina Reaper« (aktueller Weltrekord, aufgestellt 2013) mit 1,56 Millionen Scoville.

Die Gärtnerei führt aber auch Kräuter und Gemüsesorten für weniger Wagemutige, zum Beispiel acht Sorten Rosmarin. Die Sorten Arp, Backnang und Veitshöchheim sind bis ca. -20 °C überall in Baden-Württemberg winterhart, Majorcan Pink ist hübsch und blüht rosa, kann aber nur in Weinbaugegenden draußen bleiben. Die anderen Sorten sind etwas für den Blumenkübel. Aber auch die helfen bei Zahnfleischentzündungen, sollen Blähungen vorbeugen, bei Erschöpfung beruhigen und Rheuma lindern. Im Mittelalter schrieb man ihnen sogar Potenzsteigerung zu.

Die Auswahl ist international, unter den 200 in Biolandqualität angebotenen Gewürzkräutern finden sich welche für die unterschiedlichsten Küchen der Welt. Die in Weinbaugebieten an geschützten Standorten winterharte schmalblättrige Mexikanische Orangenblume, deren Blüten aussehen und duften wie die eines Orangenbaums, benötigt man für mexikanische Gerichte. Als Kübelpflanze gibt es Zitrusfrüchte für den heimischen Anbau: Kumquat, Kaffir-Limetten für die Thaiküche, Zitronatzitronen und Buddhas-Hand-Zitronen, bei denen jede Frucht anders aussieht: mal wie ausgestreckte Finger, mal wie eine Faust. Benders verkaufen sogar gestreifte Orangen – und noch viel mehr!

Und wenn man schon mal dort ist:

Ganz nahe an der Gärtnerei befindet sich der Waldhäuser Baggersee mit als hervorragend getesteter Wasserqualität.

MURR

WILDSAU-WEITSPRUNG

Hardypfad

Kinder und Erwachsene quietschen vor Vergnügen, treten gegeneinander an, haben Spaß – und das alles ohne Strom und mit den einfachsten Mitteln. Der Walderlebnispfad ist mit Kinderwagen und Rollatoren gut befahrbar, sodass neben den Jüngsten auch Oma und Opa mit in den Wald kommen können. Allerdings ist der Weg vom Wanderparkplatz zum Ausgangspunkt des Erlebnispfades etwas schmal und hat eine Steigung.

Was gibt es zu tun? Die Spaziergängerinnen und Spaziergänger können bei einer Station des Weges an einem hölzernen Spieltisch gegnerische Eicheln wegschnippen und die eigenen Eicheln in der eingeritzten Baumkrone platzieren, was besonders viele Punkte bringt, oder mit Fichtenzapfen durch im Baum hängende Ringe zielen. Mit Anlauf kann man in einer Sprunggrube voller Rindenmulch testen, ob man so weit springen kann wie ein Eichhörnchen oder eine Wildsau. Am Löschteich gibt es Tiere aus Holz zu beobachten, auch ihre Namen werden genannt. Sehr beliebt ist ein Spielgerät, bei dem man Wasser schöpfen, es in Eimern zu einer Rinne aus Holz tragen und diese hinabfließen lassen kann, bis das Wasser ein Wasserrad antreibt. Besonderen Nervenkitzel bietet ein Baumstamm, der nur am hinteren Ende aufliegt und der vorne wackelt, wenn man auf ihm balanciert. Kinder trainieren hier auf spielerische Weise ihren Gleichgewichtssinn. Andere Stationen wie der Pirschpfad oder die nebeneinander liegenden gleich alten Baumabschnitte verschiedener Baumarten dienen der Umweltbildung. Die zugehörigen Tafeln sind übersichtlich und kindgerecht formuliert.

Es gibt eine Vesperzone zu Beginn des Pfades und einen schattigen und sogar mit einer Wetterhütte ausgestatteten Grillplatz zwischendrin am Teich. Von jeder Station aus ist die nächste nur wenige Kinderschritte entfernt – und sogar die Zahl der Hardy-Schritte zu je 60 Zentimetern ist an jeder der 16 Stationen angegeben, um die Kinder bei Laune zu halten. Aber wer ist jetzt Hardy? Hardy ist das Maskottchen des Weges. Es steht als Kettensägeskulptur an seinem Beginn und wird sehr gerne beklettert.

LAGE: Waldparkplatz an der L1115 gegenüber der Abzweigung Forsthofstraße

HALTESTELLE: Kleinaspach Hardtwaldhalle (Bus 364 ab Backnang), ab dort allerdings 45 Minuten zu Fuß!

MURRHARDT

WATEN IM BACHBETT

Hörschbachschlucht

Wer durch die Hörschbachschlucht zu den Wasserfällen wandern will, der sollte entweder ein Handtuch mitnehmen und die Schlucht so begehen, wie die meisten Kinder das machen und wie es am einfachsten und sichersten ist: Schuhe aus und dem Bachbett folgen von Stein zu Stein. Das Wasser steht für gewöhnlich niedrig.

Oder: Feste Bergschuhe anziehen! Das steht als Bekleidungsempfehlung auch am Taleingang. Der Weg entlang der 150 bis 200 Meter steil abfallenden Hänge der Schlucht ist auch Tage nach Regenfällen noch rutschig.

Der Spaziergang durch die Keuper-Klinge ist ein Naturgenuss und Abenteuer in einem. Durch die abwechslungsreiche Schichtung von festem Sandstein und weichen Mergeln konnte sich das Wasser tief einfressen. Dort, wo Sand- und Tonsteine es daran hinderten, bildeten sich Klippen und Wasserfälle. Beim vorderen Wasserfall fällt der Bach von der von Geologen »Engelhofer Platte« genannten nur 60 Zentimeter mächtigen Steinmergelbank in die Tiefe.

Die Steinarten und Böden der Schlucht sind sehr unterschiedlich in ihrem Säuregrad und Kalkgehalt. So bietet die Schlucht über 250 unterschiedlichen Pflanzen die nötigen Wachstumsbedingungen. Besonders Schachtelhalme und Farne lieben die Feuchte der Klinge, Feuersalamander und Wasseramseln fühlen sich wohl. Eschen und Ahorn kommen auch an der Talsohle zurecht, während an den schrägen Abhängen Tannen mit ihren Pfahlwurzeln Halt finden.

Nach zwei Kilometern gelangt man zum Höhepunkt: dem hinteren Wasserfall. Wenn man Glück hat, ist schon jemand rechts der Wand hinaufgestiegen und öffnet oben die Schleuse, sodass das angesammelte Wasser mit Getöse und Gischt die Steine hinunterdonnern kann. Ein Sammelbecken garantiert, dass man auch bei Trockenheit einen imposanten Wasserfall zu sehen bekommen kann.

Zurück geht es über den Schluchtenrand auf einem breiten Forstweg bequem wieder zum Taleingang.

LAGE: Hörschbachschlucht

HALTESTELLE: Hörschbachschule (Bus 390 vom Bahnhof Murrhardt Richtung Backnang)

MURRHARDT

WALTERICH BESUCHEN

Walterichskapelle und -kirche

Vermutlich, zumindest legen Quellen das nahe, war Walterich ein unehelicher Sohn Karls des Großen, des fränkischen Kaisers, der über weite Teile Europas herrschte. Zumindest muss es eine sehr, sehr enge verwandtschaftliche Beziehung zwischen den Waltrichen und den Karolingern gegeben haben, da sie in Aufzählungen mitten zwischen den karolingischen Herrschern stehen. Wann Walterich zur Welt kam, ist unbekannt, nicht aber, dass er in Murrhardt ein Kloster gegründet hat, dem er als Abt vorstand. Hier versteckte er vermutlich Kaiser Ludwig den Frommen, dessen Herz ebenso in Murrhardt bestattet wurde wie Walterich selbst, der an einem 29. November, entweder 840 oder 842, verstarb und in der Walterichskirche beigesetzt wurde. Die Grabplatte fehlt heute, da ein evangelischer Prälat sie entfernen ließ, um die katholischen Wallfahrten zu unterbinden. Die Walterichskirche selbst war lange eine »Leutekirche«, in die die Bevölkerung ging, da sie außerhalb des Klosters lag. Nicht nur einmal hat der Hügel jedoch die Religion gewechselt. In römischer Zeit war er ein Mithrasheiligtum.

Kein Geringerer als der Stauferkaiser Friedrich II. ließ um 1225 die Walterichskapelle, die heute ein Anbau der Stadtkirche ist, erbauen. Sie war eine Totenkapelle, umgeben von den Gräbern der Mönche. Imposant ist das Portal, in dessen Mitte im Tympanon Jesus als Weltenherrscher zu sehen ist. Er sitzt auf einem Thron und sieht den Betrachter direkt an. Mit der rechten Hand segnet er alle Eintretenden. Das Buch des Lebens hält er in der linken.

Über dem romanischen Bogenfenster atmet ein Löwe aus. Sein Atem fließt in an Brezeln erinnernden Ornamenten um die Öffnung. Die Symbolik erschließt sich aus dem Physiologus, einem Text über Tiere, der im Mittelalter das neben der Bibel verbreitetste Buch war und nicht unbedingt biologisch korrekt das Verhalten der Tiere beschreibt. Vom Löwen heißt es, er könne seine tot geborenen Jungen wiederbeleben, indem er ihnen in die Nasenlöcher blase. Der Löwe steht daher nicht nur für Macht, sondern auch für die Wiederauferstehung der Toten – also ein passendes Motiv für eine Friedhofskapelle.

Und wenn man schon mal dort ist:

Im Naturparkzentrum Schwäbisch-Fränkischer Wald lernen Erwachsene und Kinder in der spielerisch konzipierten Erlebnisschau auf zwei Stockwerken Natur begreifen und verstehen.

LAGE: Walterichskirche, Walterichsweg 41, 71540 Murrhardt; Stadtkirche, Klosterhof 10, 71540 Murrhardt

ÖFFNUNGSZEITEN: bitte anfragen unter: www.evangelisch-in-murrhardt.de/unsere-gemeinde/gebaeude

HALTESTELLE: Murrhardt Stadthalle (Bus 390 ab Backnang Richtung Murrhardt Bf)

LAGE: Carl-Schweizer-Museum, Seegasse 36, 71540 Murrhardt

ÖFFNUNGSZEITEN: von Karfreitag bis Allerheiligen montags bis freitags 11.00–12.00 und 16.00–17.00 Uhr, samstags 11.00–12.00 und 15.00–17.00 Uhr, sonn- und feiertags 10.00–12.00 und 14.00–17.00 Uhr

HALTESTELLE: Bahnhof Murrhardt (Regionalexpress aus Stuttgart Richtung Schwäbisch Hall und Nürnberg)

MURRHARDT

ALBINOS ANSEHEN

Carl-Schweizer-Museum

Ein Reh, das weiß doch jeder, ist dunkel. Es wechselt seine Fellfarbe mit der Jahreszeit. Im Sommer ist es rotbraun, im Winter eher grau bis dunkelbraun. Im Carl-Schweizer-Museum in Murrhardt, in dem neben kultur- und stadtgeschichtlichen Artefakten auch viele Tierpräparate ausgestellt sind, die der Gründer des Museums selbst hergestellt hat, steht ein weißes Reh. Es hatte Albinismus, also eine Erbkrankheit, die die Pigmentbildung verhindert.

Das weiße Reh wurde 1937 bei Göppingen-Jebenhausen erlegt. Eigentlich hatte ein Albinotier seinerzeit gute Überlebenschancen, obwohl man es schon von Weitem sah, denn es gab den (Aber-)Glauben, wer ein weißes Reh erlege, sterbe noch im selben Jahr. So wagte es auch der Göppinger Förster Dr. Pfeiffer nicht, das Tier zu jagen. Sein Jagdaufseher erhielt den Befehl und erlegte das Tier. Doch auch er wurde über 80 Jahre alt und kam ab und an nach Murrhardt, um nach dem ausgestopften Tier zu sehen.

Aus Krankheitsgründen musste ein Reh mit sogenanntem Perückengeweih erschossen werden. Der Bast löste sich nicht vom Geweih und wäre dem Tier bis über die Augen gewuchert. Kaum eines der ausgestellten Tiere erlitt aber das Schicksal der Rehe und musste getötet werden. Die Familie Schweizer, die seit Generationen als Tierpräparatoren arbeitet, würde kein Tier töten, um es auszustellen. Die Tiere sind, das betonen die Besitzer, die während der Öffnungszeiten immer für Fragen zur Verfügung stehen, zumeist Opfer von Verkehrsunfällen.

Bei manchen bleibt die Todesursache völlig im Unklaren, etwa bei der Schildkröte »Murrhardtia staeschei«, die vor 210 Millionen Jahren ums Leben kam. Sie wurde in Murrhardt Mettelberg in einem ehemaligen Steinbruch entdeckt. »Murrhardtia staeschei«, die Urschildkröte, begründete eine neue Gattung.

Gigantisch ist das Geweih des ebenfalls ausgestorbenen Riesenhirschs der Gattung Megaloceros. Keine nachfolgende Tierart hat jemals wieder Stirnwaffen diesen Ausmaßes hervorgebracht.

Und wenn man schon mal dort ist:

Die Städtische Kunstsammlung zeigt einzelne Werke des in Murrhardt geborenen und nach der Emigration über Paris und New York wieder nach Stuttgart zurückgekehrten vielschichtigen Malers Reinhold Nägele.

MURRHARDT

NICHT LÄSTERN

Rümelinsmühle

Die Rümelinsmühle in Murrhardt ist die einzige Mühle im Schwäbischen Wald und eine der wenigen in Deutschland, die noch teilweise mit Wasserkraft produziert. Samstags gibt es lange Schlangen von interessierten Käufern in der Mühlenstube im ersten Stock der Mühle. Zwischen den Mahlwerken stehen Regale mit Dinkeldunst und Roggenmehl, Weizenmehl in verschiedenen Typen, Spätzlesmehl und Grieß in handelsüblichen Mengen, 1 kg, 2,5 kg, 5 kg in bedruckten Papiertüten. Größere Säcke, etwa mit Hühnerfutter, stehen auf dem Boden und werden den Käufern über die Rampe nach draußen gereicht. Eine elektrische Kasse gibt es nicht. Hartmut Kugler, der Müller, benützt einen Taschenrechner und eine Geldkiste.

Kugler ist Fachmann. Er machte zuerst eine Lehre zum Mühlenbauer. Später schloss er noch eine Ausbildung zum Müller an und legte seine Meisterprüfung ab. Lange bot er mit seiner Frau Mühlenführungen und Bewirtungen an. Die gibt es nicht mehr, doch er beantwortet Kunden natürlich gerne Fragen. Auffallend ist das Spottbild über der Tür der Mühle: Eine Elster packt einen Mann an der Nase und hat sie ihm schon weit aufgerissen.

Das Symbol der Elster ist doppeldeutig. Sie steht für Diebstahl, aber auch für Geschwätzigkeit. Müller, die immer außerhalb der Stadtmauern arbeiteten, unbeobachtet und für sich, galten als unehrliche Leute, auch deswegen, weil die Kunden nicht genau abschätzen konnten, wie viel Mehl sich tatsächlich aus ihrem abgegebenen Getreide hatte mahlen lassen. Das Misstrauen war groß. Die Darstellung auf dem Mühlenportal stellt sich gegen die üble Nachrede. Die Leute, die Gerüchte geschwätzig verbreiten, sollen sich selbst an die Nase fassen.

Vor dem Mühlengebäude findet sich ein Backhäusle. Donnerstags gibt es Vollkornbrot, freitags Bauernbrot und Salzkuchen sowie goldgelben Dinkelhefezopf, frisch duftend aus dem historischen Holzofen. Und das Gewicht stimmt – versprochen!

LAGE: Rümelinsmühle, Siegelsberger Str. 23, 71540 Murrhardt

ÖFFNUNGZEITEN: montags bis mittwochs von 8.30–13.00 und 14.00–18.00 Uhr, donnerstags und freitags von 8.30–18.00 Uhr, samstags von 8.00–13.00 Uhr

HALTESTELLE: Bahnhof Murrhardt

19 H. Kugler 47
Rümelinsmühle

EIN ESBIT-ERZEUGNIS
Esbit
REISEKAFFEEMASCHINE
ESBIT
REISEKAFFEEMASCHINE
Esbit

MURRHARDT

FLIEGEN VERSCHEUCHEN

Schumm-Ausstellung

Kennen Sie Esbit-Kocher? Falls Sie Outdoorabenteuer und Camping lieben, sicherlich! Aber was heißt »Esbit«? Es ist keineswegs ein chemischer Stoff, aus dem die weißen Rechtecke bestehen, die, einmal entzündet, auch bei Zugluft zuverlässig brennen und die Dosen beim Camping erwärmen und Kaffee bereiten helfen. Esbit ist die Abkürzung für »Erich Schumms Brennstoff in Tablettenform«. Sein Erfinder, der gelernte Kaufmann und Werbegrafiker Erich Schumm, hatte mit dem Produkt ab 1936 so großen Erfolg, dass es in 70 Länder exportiert wurde. Die Fabrikation erfolgte teilweise im Schutzhaftlager Welzheim, was später dem Renommee des Erfinders schadete.

Nach dem Zweiten Weltkrieg tüftelte er weiter. Ein Renner wurden die Fliegenklatschen aus Kunststoff, aber auch Kaugummi in Münzenform mit Folienhülle, Toastbrothalter, Friedhofsvasen, Topfuntersetzer und Häkeldeckchen aus Plastik. Er schaffte es immer wieder, mit seinen Erfindungen den Zeitgeist zu treffen, egal ob mit Vogelfutterhäuschen in Pilzform oder Blumenuntersetzern. Bestand hat die Erfindung der Endloshandtücher aus Stoff für öffentliche Toiletten, die Alternative zu Einwegpapierhandtüchern geblieben sind.

Erich Schumm war sehr engagiert, was die Bekämpfung von Altersarmut in Murrhardt anging. Er gründete einen Club der Alten, in dem alte und bedürftige Menschen kostenlos zum Kaffee eingeladen waren und abends eine Suppe bekamen. Diese Großzügigkeit bescherte Erich Schumm die Ehrenbürgerschaft. Immer noch gibt es im Erich-Schumm-Heim preiswert ein Essen – auch für Menschen, die dort nicht leben. Ein Menü mit Vorsuppe und Nachtisch kostet lediglich 7,50 €!

Die Ausstellung zu Ehren des Erfinders befindet sich auch in den Räumen des gleichnamigen Seniorenheims. Die Präsentation in den Gängen des Heims wirkt ein bisschen so, als habe man nicht recht gewusst, wohin mit den Vitrinen, damit sie nicht im Weg stehen. Das ändert aber nichts daran, dass die Vielfalt der präsentierten Erfindungen immens und äußerst beachtlich ist!

LAGE: Erich-Schumm-Stiftung, Fornsbacher Str. 32-36,71540 Murrhardt

ÖFFNUNGSZEITEN: täglich 9.00–12.00 und 13.00–16.00 Uhr

HALTESTELLE: Murrhardt Ärztehaus (Bus 373 ab Murrhardt Bf. Richtung Göckelhof)

MURRHARDT-VORDERWESTERMURR

IM HEU SCHLAFEN

Gnadenhof, Besenwirtschaft & Heubett

In Vorderwestermurr herrscht kein Rummel, und der Ort liegt garantiert weit weg von Massentourismus, denn es leben hier, wo die Murr entspringt, nur etwas mehr als 100 Einwohner. Wer hier Urlaub macht, lässt den Stress hinter sich, auch weil das Heuhotel bewusst medienfrei ist – kein Radio, kein Fernseher, kein Internet, einfach Natur: Tiere, die teils durch ihr Alter schon etwas behäbig sind, deftige, gesunde Küche, weites Land, ehrenamtliches Arbeiten inklusive.

Keiner soll davon ausgeschlossen werden, auf dem Hof Stockbrot zu grillen, in der Jurte zu sitzen oder Pferde zu füttern: Neben der großen Schlaftenne für bis zu 30 Personen gibt es sogar rollstuhlgerechte Schlafplätze im Heu und behindertenfreundliche Duschen und Toiletten. Allergiker können, statt im Heu zu schlafen, im Garten ein Zelt aufstellen. Für Gruppenveranstaltungen steht ein historisches Klassenzimmer zur Verfügung. Die Bänke haben Aussparungen für Tintenfässer.

Gegessen wird in einem alten Stall, der am Wochenende auch für Wanderer und andere Gäste geöffnet hat. Die Wand ist mit bunten Kinderhänden verziert. Man sitzt rustikal auf Polstern an Holztischen, es gibt Maultaschen, ein Salatbuffet mit guter Auswahl und Braten. Anschließend kann man über den jede Woche geöffneten Hofflohmarkt schlendern. Jeder Gegenstand kostet 10 Cent. Wer mehr geben mag, unterstützt die Versorgung der Tiere.

Auf dem Gnadenhof von Martina Theurer haben sechs Esel, Pferde, Schweine, Hühner, sechs Schafe und etwa 16 Hasen ein letztes Zuhause gefunden. Sie bewegen sich weitgehend frei. Dazu kommen Vögel, deren Besitzer sich nicht mehr um sie kümmern konnten, und Hunde, teils ehemalige Streuner aus südlichen Ländern. Unter den sechs Ziegen ist sogar ein echter Star! Leo war vor seiner Rente beim Film. Wer mit Kindern kommt, sollte auf keinen Fall Karotten und Äpfel von zu Hause vergessen. Füttern geht immer!

LAGE: Heuhotel Murrquelle, Vorderwestermurrer Sägmühle 34, 71540 Murrhardt-Vorderwestermurr

ÖFFNUNGSZEITEN: Wirtsstube: samstags und sonntags von 11.00–18.00 Uhr

HALTESTELLE: Vorderwestermurr (Bus 373 von Murrhardt Bahnhof Richtung Göckelhof über Fornsbach)

MUTLANGEN

MELKEN ÜBEN

Biolandhof Fauser

Wussten Sie, dass die Herstellung von Silage so funktioniert wie die Zubereitung von Sauerkraut und dass der Inhalt der Silageballen schlecht wird, wenn man die Hülle beschädigt? Das lernen Kindergruppen, wenn sie den Hof der Fausers besuchen. Sie dürfen im Schweinestall die kleinen Schweine kennenlernen und erfahren, dass Milchkühe erst dann Milch geben, wenn sie ein Kälbchen geboren haben. Viele Kinder wundern sich, dass Kühe allein auf die Weide gehen können, dass man sie nicht führen muss. Den Geruch von Kuhfladen gibt es zu erschnuppern, und selbst die Euter dürfen angefasst und die Kuh gemolken werden. Fausers erklären, was der Unterschied ist zwischen Heu und Stroh, denn der ist vielen Kindern nicht bekannt.

Die Landwirte wollen, dass Kinder den Wert der Tiere kennenlernen, die sie verspeisen, und die Nutztiere als Lebewesen begreifen lernen. Es gibt Programme für Kindergartengruppen, Schulklassen und private Gruppen.

Die Tiere des Biolandhofs Fauser werden artgerecht und nach Bioland-Richtlinien gehalten und aufgezogen. Dazu gehören für die Rinder viel Platz auf den Weiden in den Sommermonaten und offene, helle Laufställe im Winter. Die Schweine sind im Außenklimastall mit Zugang ins Freie untergebracht, es gibt auch wuschelige Wollschweine. Die Rasse ist sehr robust und resistent gegen Krankheiten. Auffallend sind auch die rosa-schwarz gemusterten Hällischen Landschweine. Sie wachsen langsamer als ihre reinrosa Kollegen aus konventioneller Mast, dafür schrumpft ihr Fleisch kaum in der Pfanne – vom Geschmack nicht zu sprechen.

Neben einem Vollsortiment an Biolebensmitteln gibt es im Hofladen auch zugekauftes Fleisch vom Lamm, Reh und Geflügel. Frischer und natürlicher geht es nicht!

LAGE: Josef und Rita Fauser, Sandäcker 1, 73557 Mutlangen

ÖFFNUNGSZEITEN: Hofladen: dienstags 9.00–14.00 Uhr, freitags 9.00–18.30 Uhr, samstags 8.00–12.00 Uhr, frische Rohmilch gibt es auch zu den Stallzeiten morgens von 6.00–7.00 und abends von 17.30–18.30 Uhr (eigene Milchflaschen mitbringen!)

HALTESTELLE: Lindacher Straße, Mutlangen (Bus 62 vom Bahnhof Schwäbisch Gmünd Richtung Ruppertshofen)

OPPENWEILER

LUST-WANDELN

Sturmfeder'sches Wasserschloss

Oppenweiler ist nicht München und sein Schlosspark ist nicht der Englische Garten, doch wurde auch er von Friedrich Ludwig von Sckell gestaltet, dem vielleicht bedeutendsten Gartenarchitekten seiner Zeit. Sein Auftraggeber Franz Georg Ernst von Sturmfeder lebte in München feudal, aber zur Miete, und wollte offenbar ein bisschen Ästhetik der bayerischen Hauptstadt an die Murr holen. Die harmonische, durchdachte und doch wie natürlich und zufällig wirkende Grundstruktur des Parks bilden ein Tannenhügel mit dem Grabmal der im Jahr 1800 verstorbenen Freifrau Charlotte von Sturmfeder und eine zentrale Wiesenfläche und Wegkreuzungen. Im Zentrum steht der See, in dessen Mitte auf einer Insel das Wasserschloss errichtet wurde. Wichtig für die Parkgestaltung sind die Blickachsen – etwa auf die Jakobuskirche, in der schon 1356 Burkhard von Sturmfeder seine letzte Ruhe fand.

Ursprünglich stand hier eine von einem Graben umgebene Burg. Das heutige Schloss von 1783 wirkt dagegen nicht wehrhaft, sondern einladend. Es sieht aus wie ein achteckiger Pavillon, dessen Dach in der Mitte angehoben ist, um ein Aussichtsgeschoss, das Belvedere, zu bilden. Johann Andreas Traitteur, der Architekt, hat den Eingangsbereich hell und freundlich gestaltet. Auf Säulen ruht ein kleiner Balkon, von dem aus man die Gäste grüßen kann, ehe sie das Gebäude betreten. Der Bau war noch nicht fertig, als sein Besitzer beschloss, sich doch lieber ein Haus in München zu kaufen und Oppenweiler zu verlassen. Das Schloss dient heute der Gemeinde als Rathaus.

Kinder lieben das Pfauengehege, das samt seiner prächtigen Tiere der Gemeinde Oppenweiler gehört. Pfauen sind Hühnervögel, aber was für welche! An Hals, Brust und Bauch ist das Männchen leuchtend blau gefärbt. Die Weibchen sind kleiner: Ihr Federkleid ist überwiegend grünlich-grau. Die Pfauen in Oppenweiler sind etwas Besonderes – die gibt es nicht einmal im Englischen Garten in München!

LAGE: Wasserschloss der Freiherren von Sturmfeder, Schlossstraße 12, 71570 Oppenweiler

ÖFFNUNGSZEITEN: Rathaus: montags und dienstags 8.00–12.00 Uhr, mittwochs 7.00–12.00 Uhr, donnerstags 8.00–12.00 Uhr und 15.30–18.00 Uhr, freitags 8.00–13.00 Uhr

HALTESTELLE: Bahnhof Oppenweiler

LAGE: Burg Reichenberg, Obere Ortsstraße 1, 71570 Oppenweiler

ÖFFNUNGSZEITEN: während des Burgcafés ab Mai bis August jeden letzten Sonntag im Monat, 14.00–17.00 Uhr

HALTESTELLE: Reichenberg (Bus 390 von Backnang Richtung Bahnhof Sulzbach an der Murr)

OPPENWEILER

IN DEN KERKER GEHEN

Burg Reichenberg

Einmal monatlich hat die Burg Reichenberg geöffnet. Die Vereine wechseln sich ab bei der Bewirtung im Burghof, und es werden Führungen angeboten. Sie beginnen in der Kapelle, dem ersten Raum, den Gäste und Bewohner nach einer gefährlichen Reise nach Oppenweiler betraten und den sie aufsuchten, ehe sie die Burg wieder verließen. Ein Fresko zeigt den heiligen Christoph als Riesen, der einen Baumstamm als Wanderstock verwendet und auf dessen Rücken man den Kopf eines Kindes sieht. Ihn rief man um Schutz vor der Reise an oder zum Dank, eine solche überlebt zu haben.

Ursprünglich war die Burg badisch. Sie lag auf dem Territorium des Markgrafen Hermann V. von Baden, der damals Stadtherr von Backnang war. Württembergisch wurde Oppenweiler nur, weil ihr Besitzer mit dem Anwesen seine Schulden tilgen musste.

Die Burg wurde vom Forstmeister genutzt. Der hatte gegen Wilderei vorzugehen, den Holzeinschlag zu kontrollieren und übte auch die niedere Gerichtsbarkeit aus. Der Bergfried bot sich mit seinen vier Meter dicken Mauern als Gefängnis an, drei Kammern liegen übereinander. Fledermäuse leben in ihm, und man kann sie mit Glück bei einer Besichtigung über Kopf hängend zu sehen bekommen.

Eingekerkert wurden neben Wilderern auch Grafen wegen unbotmäßiger Behandlung ihrer Untertanen und Wiedertäufer, die mit dem Landesherrn nicht die religiösen Ansichten teilten und als Ketzer galten. Drei Jahre hat eine Frau namens Lesin, eine Hexe, wie es im Urteil heißt, das Leben im dunklen Turm überlebt. Man hat sie 1527 mit einer Haspel in einem Korb hinuntergelassen, einen anderen Zugang gibt es nicht. Frau Lesin war vorgeworfen worden, auf einer Ofengabel über den Gartenzaun geritten zu sein. 1530 holte man die arme Frau wieder herauf und verwies sie des Landes. Wie tief es bis zum Boden des Kerkers hinuntergeht, bekommen Besucherinnen und Besucher durch ein hinabgeworfenes brennendes Holzstück demonstriert.

Seit 1888 sind verschiedene soziale Einrichtungen in die Burg gezogen. Die bisher letzte Mieterin war die Paulinenpflege Winnenden, die dort 18 Heimplätze bot und darauf achtete, dass die Burg eben kein Kerker geblieben ist, sondern zu einem heimeligen Lebensort wurde.

PLÜDERHAUSEN

MIT ENTEN BADEN

Baggersee

Der Baggersee in Plüderhausen ist ein lohnendes Ausflugsziel, dessen sind sich so viele Menschen einig, dass man genau überlegen muss, wann man in das auch bei großer Hitze dank eines starken Grundwasserzuflusses angenehm kühle und saubere Wasser steigen möchte. Im Hochsommer am Wochenende ist der See nur für Geselligkeit liebende Menschen ein guter Ort, denn dann kommen Gäste aus der nahen und fernen Umgebung an den See, für dessen Parkplätze zwar Gebühren verlangt werden, zu dem der Eintritt jedoch frei ist. Ein Kiosk verkauft Eis am Stiel und die üblichen Freibadgerichte. Es gibt Umkleideboxen am Ufer, und an einer Stelle ist am sonst steil abfallenden, schilfbewachsenen Ufer ein Rand geschaffen worden, an dem Kinder im Sand spielen können und in dem man ohne die sonst an den Stegen angebrachten Leitern ins Wasser gelangen kann. Gut die Hälfte des Ufers ist Anglern vorbehalten.

Ob nackig oder in Badebekleidung, das ist den Besuchern inzwischen selbst überlassen. Vor 30 Jahren noch patrouillierte der Gemeindepolizist und bat zu spärlich bekleidete Damen, ihr Bikinioberteil wieder anzulegen. Verboten bleiben das Grillen, das Bootfahren und das Mitbringen von Hunden.

Abends ab 23 Uhr ist der Aufenthalt am See nicht mehr gestattet. Dieses Verbot haben Besucher verursacht, die wild und alkoholisiert gefeiert haben, was immer wieder zu Todesfällen im Wasser geführt hat. Damit ist es vorbei. Doch auch vor 23 Uhr in der Abenddämmerung ist es angenehm im nun fast menschenleeren See. Dann trauen sich Stockenten aus den Verstecken, und Fledermäuse gehen über der Wasserfläche auf die akrobatische und fast lautlose Jagd auf Insekten. Beim Schwimmen kann man über sich die Silhouetten von Großen Abendseglern und Zwergfledermäusen erkennen. Ganz selten zeigt sich sogar eine Nilgans.

Ebenfalls schön ist es am See bei Regen, dann hat man den See mit wenigen Schwimmerinnen und Schwimmern für sich. Und wenn man ohnehin im Wasser ist, tut ein bisschen Wasser von oben dem Vergnügen auch keinen Abbruch.

Und wenn man schon mal dort ist:

In Plüderhausen gibt es gleich zwei Theater, das Theater hinterm Scheuerntor mit Garten- und Dachterrasse, Livemusik und tollem Ambiente, und das Theaterbrettle, das so beliebt ist, dass man Karten im Voraus kaufen sollte.

LAGE: Wilhelm-Bahmüller-Straße, 73655 Plüderhausen

ÖFFNUNGSZEITEN: Badeerlaubnis täglich 6.00–23.00 Uhr; Kiosk bei über 19 °C von 10.30 bis 22.30 Uhr (die Küche schließt um 20.30 Uhr)

HALTESTELLE: Adlerbrücke Plüderhausen (Bus 243 von Schorndorf Richtung Hohbergschule Plüderhausen)

LAGE: Evangelische Kirchengemeinde Reichenbach an der Fils, Theodor-Dipper-Platz 1, 73262 Reichenbach an der Fils

ÖFFNUNGSZEITEN: Gemeindebüro: montags bis donnerstags 9.00–11.00 Uhr, montags und donnerstags auch 15.00–18.00 Uhr

HALTESTELLE: Reichenbach (F) Stgt.-/Hauptstr. (Bus 144 vom Bahnhof Reichenbach Richtung Plochingen), wobei die Fahrt kaum lohnt (300 m).

REICHENBACH (FILS)

FARBEN GENIESSEN

Mauritiuskirche

Zur vorletzten Jahrhundertwende begann das Filstal aus den Nähten zu platzen: Am 11. Oktober 1847 war die Filsbahn in Betrieb gegangen, am 28. Juni 1850 rollte der erste Zug über die neue Trasse der Königlich-Württembergischen Staatseisenbahnen vom schiffbaren Neckar bis an den Donauhafen in Ulm. Es war die erste Bahnstrecke, die in Europa ein Mittelgebirge überquerte. Entlang der Bahnlinie gelangten Rohstoffe und auch Arbeiter einfach und kostengünstig zu den Fabrikhallen. Menschen zogen zu.

Da der Kircheninnenraum der Mauritiuskirche zu klein geworden war, baute man sie in den Jahren 1905 bis 1907 nach Entwürfen des Stuttgarter Architekten Richard Böklen um. 1901 war Böklen zum Professor an der Königlich Württembergischen Baugewerkschule Stuttgart ernannt worden. Er entwarf neben sieben Kirchen hauptsächlich Arbeitersiedlungen. Sein Stil ist sparsam, klar, hell und grenzt sich radikal vom Kirchenbau der Jahrzehnte davor ab, vom Historismus, der Neogotik, Neoromanik, dem Neoklassizismus, all den Stilen, die sich an das Vergangene anlehnten. Nichts mehr mit Retro in Reichenbach!

Was man in Reichenbach sieht, entspricht ganz dem Stil der Zeit, die Kirche ist eine der wenigen Jugendstilkirchen im Land. Die Farbigkeit des Innenraums spricht eine klare Sprache: Die Wand zum Chor ist unten weiß. Darüber grenzt ein Band stilisierter Trauben und Ähren, Symbole des Abendmahls mit Brot und Wein, an eine kräftig blaue Fläche. In einem beschützenden Bogen ist auf Türkis das Versprechen Jesu »Ich bin bei euch alle Tage« aufgemalt. Im Chorraum beginnt die Decke unten wieder in Blau, das nach oben hin in dasselbe leuchtende Türkis übergeht. Die Buntheit, die fröhliche Bemalung der Holzkassettendecke, der sparsame, aber auffallende Einsatz von Gold in den geschwungenen Ornamenten, die leuchtend roten Flächen, in denen rechts und links des Chores Kreuze zu sehen sind, all das lässt den Raum heiter wirken trotz der durch den Anbau der Empore behäbigen Breite.

Der Altar wird interessanterweise nicht vom leidenden Jesus am Kreuz dominiert, sondern von zwei im Verhältnis zum Kruzifix auffallend großen, sanft und in sich gekehrt wirkenden fürbittenden Engeln, die die göttliche Geborgenheit des Kirchenbesuchers im Alltag symbolisieren.

REMSHALDEN-GRUNBACH

EINE WELT PFLANZEN

Weltgarten

Dies vorab: Der vom BUND-Ortsverband 2011 angelegte Weltgarten ist ein Nutzgarten, hier wachsen Nahrungsmittel, die auch geerntet werden. Wenn man als Besucherin und Besucher die Kartoffelernte verpasst hat, ist ihr Beet auf dem Gebiet Südamerikas eben leer … Ziel des Gartens ist es zwar auch zu zeigen, woher Nahrungsmittel kommen, aber in erster Linie, Kindern die Möglichkeit zu geben, zu pflanzen und die Ernte zu verarbeiten. Ehrenamtliche sogenannte Kontinentbetreuer behalten je einen Teil der Gartenwelt im Auge, deren Beetformen die Kontinente nachbilden. Die Ozeane sind geschotterte Wegflächen.

Im Beet mit der Form Afrikas wächst Hirse. Ein kleines Erdhäufchen mit weißem Deckel deutet den Kilimandscharo an. Ganz im Süden, zur Antarktis aus weißem Kies hin, steht ein Kapstachelbeerstrauch. Die Alpen teilen Europa und sind aus Weinstöcken nachgebildet. Sibirien gehört dem Rhabarber, wo er ab dem 16. Jahrhundert angebaut wurde, und der westliche Rand Südamerikas der Andenbeere. Daran angrenzend gibt es natürlich Kartoffeln und orange blühenden, übermannshohen Topinambur. Dunkelrot leuchten die Fruchtstände des Amaranth. Die Anlage des Gartens ist sehr originell und sinnlich erfassbar: In Australien kann man neben dem roten Sandhügelchen – ja, es ist der Ayers Rock – an den Blättern eines Eukalyptus reiben, dem höchsten Gewächs des Weltgartens. Immerhin hält auch eine Eukalyptusart den Rekord des höchsten Laubbaums der Welt. Asien ist geprägt durch eine winterharte Bananenstaude und einen kleinen Bambuswald. Im Neuseelandbeet ist eine Kiwi daheim, die sich um ein Rankgitter schlingt. Beim Erkennen der Pflanzen helfen Schilder.

Und wenn man schon mal dort ist:

Die Pfarrkirche Grunbachs aus dem 15. Jahrhundert ist eine ummauerte Wehrkirche, in der die Dorfbewohner Schutz suchen konnten. In den Mauern befindet sich auch das Karräsperle, die Ortsarrestzelle, bei der die Kirchenbesucher nachsehen konnten, wer sich regelwidrig verhalten hatte.

LAGE: Weltgarten, Schorndorfer Straße 57 (bei der Kelter), 73630 Remshalden

ÖFFNUNGSZEITEN: frei zugänglich

HALTESTELLE: Grunbach, Schorndorfer Straße (Bus 217 von Grunbach Bahnhof nach Rohrbronn)

LAGE: Naturschutzgebiet Unteres Remstal, 71334 Waiblingen; Hegnacher Mühle, Hegnacher Mühle 1, 71334 Waiblingen

HALTESTELLE: von der Remsmündung aus: Remseck (U12 vom Hauptbahnhof Stuttgart Richtung Remseck), es ist auch möglich, von Hegnach oder Waiblingen-Neustadt aus ins Naturschutzgebiet abzusteigen.

REMSECK-NECKARREMS

EULEN HEULEN HÖREN

Naturschutzgebiet Unteres Remstal

Sie wollen den leicht gruseligen Reviergesang von Waldkäuzen, den man aus Horrorfilmen kennt, live hören? Dann müssen Sie sich nur bei Dämmerung aufs Fahrrad schwingen oder zu Fuß ins Naturschutzgebiet Unteres Remstal gehen. Der Weg ist gut ausgebaut.

Die Waldkäuze sind zuverlässig: Sie werden bis zu 18 Jahre alt und verbringen ihr gesamtes Leben mit einer Partnerin oder einem Partner an einem Ort. Und da sie nachtaktiv sind, sind sie erst in der späten Dämmerung zu sehen. In der Abenddämmerung lässt sich der Waldkauz durch ein Mausepfeifchen anlocken, wie man es im Jagdbedarf für die Fuchsjagd bekommen kann.

Auch die Waldohreule reagiert auf Mäusegeräusche. Sie ernährt sich zu 80 % von Feldmäusen. Daneben werden andere kleine Nagetiere und Singvögel verzehrt. Ein unverkennbares Merkmal der Waldohreule sind die orangenen Augen und die langen fedrigen Ohren, die jedoch im Flug und wenn die Eule ruht, angelegt werden. Auch sie ist nachtaktiv, wird aber schon etwas früher munter als die Waldkäuze. Spannend ist es, auf die unterschiedlichen Rufe zu hören – dabei gilt es, selbst ganz leise zu sein!

Bei Tag ist das Naturschutzgebiet Unteres Remstal ebenfalls einen Ausflug wert, besonders im Frühjahr, wenn an der Schwarzen Rems, die ein Stück parallel zum Hauptbach durch einen Auenwald fließt, die gelben Schwertlilien leuchten und blaue Prachtlibellen durch die Luft schwirren. Bereits ehe die Bäume ausschlagen ist der Boden an der Rems mit einem bunten Blütenteppich bedeckt. Die ersten Blümchen sind die blauen Szilla (Blaustern). Es folgen der rosa Schuppenwurz, das weiße Buschwindröschen und das gelbe Windröschen, der kräftig violette und manchmal auch weiße Lerchensporn und der weiße, stark riechende Bärlauch.

An den Talhängen stehen alte Trockenmauern aus der Zeit, als sich der Weinbau auch in Extremlagen noch lohnte. Hier strahlen dunkelblau die Weinbergtraubenhyazinthen. Sie gehören, man glaubt es kaum, zu den Spargelgewächsen.

Und wenn man schon mal dort ist:

Die mitten im Naturschutzgebiet gelegene Hegnacher Mühle bietet für Gruppen ab zehn Personen Mühlenführungen oder auch eine Kombination aus Mühlen- und Schutzgebietführungen an.

SALACH

SORTENREIN SCHNAPSELN

Mosterei & Destillerie

Zibärtle, Wildkirschen, Schlehen und Vogelbeeren ergeben herrliche Brände, die Früchte stammen aus Wildsammlung. Salacher, die Freude daran haben, die Früchte in der Natur um den Ort herum zu sammeln, geben das Obst ab, erhalten Geld oder werden in Naturalien bezahlt. Das, was da im Glas kristallklar funkelt, ist garantiert regional. Auch das Obst für die Apfel- und Birnenbrände stammt von Streuobstwiesen vor Ort. Wie viel gemostet und gebrannt werden kann, hängt mit von den Erträgen eines Jahres ab.

Eine Besonderheit in den Regalen des kleinen Hofladens sind die Birnenbrände. Schnaps aus den Mitte August bis Anfang September geernteten Williams-Christ-Birnen kennt jeder, und natürlich gibt es den auch bei Kaiser, doch dort stehen weitaus mehr Birnenbrände zur Auswahl: Der Brand aus der Butterbirne zum Beispiel schmeckt leicht nach Honig und Nuss. Anfang September bis Mitte Oktober ist die innen weiche, von einer schorfigen rauen Schale umgebene Birne reif. Gelagert werden kann sie nicht gut – es sei denn als Schnaps. Es gibt Schnaps aus im Filstal geernteten Oberösterreichischen Weinbirnen, aus Kirchsallern und aus Palmischen Birnen. Wer Schnaps aus der Nägelesbirne trinkt, ist vielleicht nicht gesundheitsbewusst, jedoch ökologisch verantwortungsvoll! Die Sorte ist rar geworden. Dabei bieten die großen Kronen der hochstämmigen Sorte vielen Tierarten Lebensraum. Viele Bäume stammen noch aus der Zeit um 1850, als Hochstämme bevorzugt wurden, weil unter ihnen auch Tiere weiden konnten und die Fläche quasi nicht verschenkt war. Die Gelbmöstler, die ebenfalls bei Kaiser gebrannt werden, müssen schnell verarbeitet werden. Sie sind zwar klein, aber sehr saftig und im Geschmack säuerlich-würzig, was sie zum idealen Mostobst macht. Riesig dagegen sind die Pfundsbirnen, bei denen schon der Name das hohe Gewicht der einzelnen Früchte verrät. Auch sie sind als Hochstammsorte heute unbeliebt geworden. Die spät reifende, saftige Grüne Jagdbirne ist eine ebenfalls seltene, aber gut zum Brennen geeignete und von Kaisers verarbeitete Obstsorte.

Streuobstschnapstrinker sind Umweltschützer! Zum Wohl!

Und wenn man schon mal dort ist:

… kann man sich auf Burg Staufeneck mit Reh »Portweinfeige«, Tiefseelangustinen oder Rouillemuscheln kulinarisch verwöhnen lassen.

LAGE: Kaiser Destillerie-Obstweinkellerei, Jahnstraße 26, 73084 Salach

ÖFFNUNGSZEITEN: dienstags bis freitags 14.00–19.00 Uhr, samstags 9.00–14.00 Uhr

HALTESTELLE: Salach (Regionalexpress R1 von Stuttgart Richtung Geislingen an der Steige)

SCHORNDORF

BLÄSER BEGLEITEN

Musikgenuss für Schwindelfreie

Das Turmblasen hat in Schorndorf seit 1792 Tradition. Vom bis zu Kugel und Hahn 66 Meter hohen Kirchturm der Stadtkirche Schorndorf wird jeweils um kurz nach 8 Uhr und um 11.15 Uhr an jedem Sonntag von fünf Blechbläsern in jede Himmelsrichtung ein Choral geblasen. Zwei Turmgruppen des CVJM Posaunenchores wechseln sich ab. Sie dürfen nach 183 Stufen nicht außer Atem sein, denn nach dem Aufstieg gilt es, in die Posaune oder Trompete zu pusten. Trotz der vielen Stufen machen noch über 80-Jährige mit, und auch ein Zehnjähriger ist regelmäßig dabei. Die Choräle richten sich nach dem Jahreslauf und unterscheiden sich von Woche zu Woche – ein Erlebnis!

An sehr kalten Tagen entfällt das Turmblasen, da bei Temperaturen von -5 °C viele Instrumente nicht mehr spielfähig sind. Auch bei Starkregen fällt das Turmblasen aus. Und dennoch: Selbst am Altjahrabend stehen die Turmbläser oben auf dem Turm und schmettern mit Böllern um die Wette.

20 Besucher dürfen beim Blasen um 11.15 Uhr mit auf den Turm. Karten gibt es beim Café Mack am Marktplatz. Zehn Euro kostet die Teilnahme, wobei der Betrag vollständig zur Erhaltung der Kirche verwendet wird. Wer mit hinauf möchte, muss um 10.45 Uhr am Turm stehen und zunächst durch einen geschlossener Treppenturm auf eine Höhe von ca. 30 Metern steigen. Über einen Austritt ins Freie gelangt man in den Hauptturm. Von dort steigt man weiter über eine Holztreppe ca. fünf Meter hoch auf in den Glockenturm. Darin geht es 25 Meter auf einer frei stehenden Wendeltreppe aus Stahl in die Höhe! Durch die Turmstube, in der einst der Türmer lebte, vorbei an den Glocken, tritt man hinaus auf die Galerie und hat einen Blick über den zu dieser Zeit recht ruhigen Marktplatz und die ganze Altstadt.

Auch wer unten bleibt, kann sich an den Klängen hoch vom Turm erfreuen, nicht nur denen der Bläser. Die sieben Glocken der Stadtkirche harmonieren in einem beeindruckenden Geläut.

LAGE: Evangelische Stadtkirche Schorndorf, Kirchplatz, 73614 Schorndorf; Kontakt: CVJM Schorndorf e. V., Kirchplatz 11, 73614 Schorndorf

ÖFFNUNGSZEITEN: Turmblasen: sonntags 8.00 und 11.15 Uhr

HALTESTELLE: Bahnhof Schorndorf (S-Bahn S2, RE Stuttgart – Aalen, IC Stuttgart – Nürnberg)

SCHORNDORF

MARKT-BUMMELN

Mehr als Gemüsegenüsse

Der Marktplatz in Schorndorf und die Gassen drum herum laden die ganze Woche über zum Schlendern ein, doch ganz besonders am Samstagvormittag, wenn dort der Markt stattfindet. Den gibt es auch dienstags, doch samstags sind mehr Stände aufgebaut, und der Markt ist belebter.

Vor einem Marktbesuch stellt man sich am besten um frische Brezeln bei der Bäckerei Hetzinger in der Höllgasse an. Die Schlange vor der Kultbäckerei reicht bis weit auf die Gasse, aber es lohnt sich. Einen Stuhl vor dem Laden zu bekommen, ist geradezu ein Sechser im Lotto! Ganz nahe ist es von hier zum Geburtshaus Gottlieb Daimlers, in dem man Miniaturen seiner Erfindungen vom Motorboot zum Motorrad ansehen kann.

Die Häuser um den oberen Marktplatz stammen alle aus dem Barock und wirken daher wie aus einem Guss. Die Gebäude aus dem Mittelalter waren bis auf wenige Reste bei der Stadtbombardierung durch kaiserliche Truppen im Jahre 1634 während des Dreißigjährigen Kriegs zerstört worden. Und so steht über dem Stadtwappen des Rathauses übersetzt: »Dieses Haus ist Gott geweiht – das Schorndorfer Rathaus nach neun Decennien und zwei Jahren aus der Asche wiedererstanden im Jahre 1726«. Besonders sehenswert sind die Palm'sche Apotheke, von deren Fassade Neidköpfe starren, und die ehemalige Brotlaube mit ihrer Jahresinschrift 1660.

Auf dem Markt gibt es Blumen, Pflanzensetzlinge, Gemüse, teils in Bioqualität, mehrere Stände mit Frühlingsrollen, Käse- und Wurstspezialitäten und an jedem zweiten Samstag auch einen Stand des Köshofs, an dem die Bäuerin und frühere Diätassistentin Frau Cerny je nach Verfügbarkeit Blut- und Leberwürste in originell designtes Papier einwickelt. Sollte vor dem Stand bei Optik Kötzle eine Schlange stehen, war wieder Schlachttag auf dem Köshof. Es gibt auch Marmeladen, Brote, rustikale Hefezöpfe und Speck.

Auf den Markt in Schorndorf zu gehen, beinhaltet nicht nur einen Markteinkauf, genauso hofft man, jemanden zu treffen und sich auf ein Schwätzle in eines der Cafés in den Gassen rund um den Markt zu setzen. Die malerischsten sind die Römmelgasse und die Höllgasse.

LAGE: Marktplatz, 73614 Schorndorf
HALTESTELLE: Bahnhof Schorndorf

1660

SCHORNDORF

GESELLIG SEIN

Club Manufaktur

Die Schorndorfer nennen das soziokulturelle Zentrum Manufaktur kurz »die Manu«. Sie ist eine inzwischen etablierte Institution und feierte 2018 ihr fünfzigjähriges Bestehen.

Schorndorf war und ist keine Universitätsstadt, und die Gründer, die ihren »Geselligkeitsverein« 1967 ins Vereinsregister eintragen ließen und 1968 den Club im Keller der alten Porzellanmanufaktur eröffneten, waren Industrie- und Speditionskaufleute und Buchhalter. Umso erstaunlicher, wie es der Club geschafft hat, Teil des Schorndorfer Lebens zu werden. Rolf Dahrendorf kam 1968 in die Manufaktur. Es wurde über die politischen Wünsche und Unterschiede zwischen Arbeitern und Studenten diskutiert. 1969 trat Black Sabbath auf, ein Kinderladen wurde gegründet.

Heute ist die Manufaktur ein Ort, der nicht mehr wie eine Rebellenhochburg wirkt, in dem aber immer noch Lesungen zu gesellschaftlich relevanten Themen stattfinden, wo im »Kino kleine Fluchten« auch Dokumentarfilme und Filme jenseits von Hollywood eine Chance bekommen. Es gibt die Möglichkeit, ghanaisch Trommeln, Jonglieren, Salsa Cubana oder Qigong zu erlernen. Die Räume sind barrierefrei erreichbar.

Nicht alle Veranstaltungen stehen im Programm, im Biergarten zum Beispiel gibt es eine kleine Bühne, und da finden immer wieder mehr oder minder spontane Sommerabendkonzerte statt. Auf der Bühne des Saales stehen allerdings neben der Bigband des örtlichen Gymnasiums auch Stars wie der australische Singer-Songwriter Robert Forster oder die Post-Punk-Polemiker IDLES aus Großbritannien. Ein Schwerpunkt ist Jazz. Die Club-Kneipe macht mit bei der Initiative Fairtrade Stadt Schorndorf. Es gibt türkische und schwäbische Gerichte – und unschlagbar leckeres Bioeis von Bruna aus Winterbach.

Der »Geselligkeitsverein« von 1967 heißt heute »Club Manufaktur e. V., Forum für Politik und Kultur«. Seine Ziele sind – nach Satzung – Förderung von Kultur und Kunst, politische Diskussionen und Bildungsarbeit.

LAGE: Club Manufaktur e. V., Forum für Politik und Kultur, Hammerschlag 8, 73614 Schorndorf; Programm: www.club-manufaktur.de

HALTESTELLE: Hammerschlag (Wieslauftalexpress vom Bahnhof Schorndorf Richtung Rudersberg-Oberndorf)

SCHORNDORF

ZU MUSIK SCHWIMMEN

ZiegeleiSeeBad

Wer gerne in ungechlortem Wasser schwimmen mag, nicht nach 25 Metern schon umdrehen möchte und gerne seinen Pool zu Tages-Randzeiten auch mit Enten teilt, dabei aber nicht die Annehmlichkeiten von sauberen Umkleidekabinen und Duschen missen möchte, der geht ins ZiegeleiSeeBad. Das Schwimmerbecken misst 50 Meter, außerdem gibt es Bereiche für Kinder und einen Sprungfelsen, von dem man aus einem oder drei Metern Höhe springen kann. Das Bad wurde erst im Jahr 2011 völlig neu ausgebaut und bietet durch den immer frischen Zufluss von Quellwasser eine hervorragende Wasserqualität.

Das Freibad wartet neben Beachvolleyballfeldern, Beachsoccer, Tischtennis und Liegeflächen auch mit romantischen Ecken mit Blick auf ein Bassin voller reinweißer Seerosen auf, die vergessen lassen, dass der See einst ein Industriegelände war.

Hier wurde Lehm abgebaut, aus dem seit 1632 die Schorndorfer Ziegel gebrannt wurden. Diese waren nicht nur in der Region beliebt – seit 1846 war das Ziegelwerk an die Bahn angeschlossen und konnte seine Produkte besser vertreiben. Zur Zeit der Industrialisierung wurden die nun maschinell geformten Ziegel der »Dampfziegelei und Falzziegelfabrik« etwa für die Dächer der Siedlung Mainz-Kostheim, für die Klosterbauten in Neresheim, die Garnisonskirche in Ulm, die Josefskirche in Fulda und gar die Militärkuranstalt auf der Insel Borkum verwendet.

Freitagabends ist der Eintritt ins ZiegleiSeeBad frei. Es treten lokale Bands auf, die gegen Hutspende bei trockenem Wetter ihr Bestes geben. Das Programm reicht von Mundartliedern über Jazz, Liedermacher bis hin zu Coverbands. Man kann der Musik vom Wasser oder der möblierten Terrasse aus lauschen, wo man nebenbei auch einen Wurstsalat, Pommes oder ein Viertele genießen kann. »Kultur am See« ist ein Anziehungspunkt für laue Sommerabende.

Und wenn man schon mal dort ist:
Für den Winter oder an Regentagen bietet das Oskar Frech SeeBad gleich neben dem Ziegeleisee eine Alternative. Besonders beliebt sind bei den Gästen das Außenbecken mit Sprudelliegen und ein Kleinkinderbereich mit Schwengelpumpe sowie die Riesenrutsche, die aus zwölf Metern Höhe auf 80 Metern Länge in engen Kurven nach außen und wieder hinein ins Hallenbad führt.

LAGE: ZiegeleiSeeBad, Lortzingstraße 60, 73614 Schorndorf

ÖFFNUNGSZEITEN: von Mitte Mai bis Mitte September täglich 9.00–20.00 Uhr, bei schönem Wetter eine Stunde länger

HALTESTELLE: Ziegeleisee (Buslinie 245 ab Bahnhof Schorndorf Richtung Oskar Frech SeeBad)

SCHORNDORF

EXPERIMENTE WAGEN

Forscherfabrik

Langweilig wird es Kindern in der Forscherfabrik sicher nicht. Sie können sich in Zerrspiegeln betrachten, in einem Schattentheater selbst ausgeschnittene Figuren auftreten lassen, ausprobieren, wie Regenbogen entstehen, und versuchen, spiegelbildlich zu zeichnen. In einem Minikino kann man die Bilder das Laufen lehren, an Drehscheiben die eigenen Augen austricksen, in einem Laserlabyrinth die Prismen so verstellen, dass der Lichtstrahl ins Ziel trifft, und an einem Tauchbecken ausprobieren, was schwimmt.

An jeder Station gibt es befestigte Spickzettel, die etwa erklären, warum ein Schiff im von den Besuchern erzeugten Strudel untergeht und ob Fische im Wasser schweben oder warum die Druckluft, die die Kinder mit einer Pumpe aufbauen und per Knopfdruck entlassen können, eine Rakete abheben lässt. Es steht genug freundliches Museumspersonal bereit, um die Kinder – und ihre Eltern – zu unterstützen.

Das Konzept ist modern und inklusiv. In der Bewegungsarena können Kinder spielerisch ausprobieren, wie sich ein Rollstuhl steuern lässt. Regenerativen Energien sind mehrere Versuche gewidmet: Man kann die Rotorblätter von Windrädern austauschen und testen, welches sich am besten dreht. Mit Spiegeln lässt sich Licht auf die Solarzellen von Modellflugzeugen lenken, damit diese um die Wette kreisen. Kinder können in einem Laufrad selbst Strom erzeugen und sich mit Wasserkraft befassen. Das wirkt wie moderne Umweltbildung.

Ganz konsequent aber ist das Konzept nicht: Zwar konnte Gottlieb Daimler nicht wissen, dass seine Erfindung eines Verbrennungsmotors irgendwann ein Problem für unser Klima und unsere Innenstädte sein würde, noch kann Schorndorf etwas dafür, dass hier der Mann geboren wurde, der das vierrädrige Auto, das Motorrad, das Motorboot und den LKW erfunden hat. Aber: War es nötig, einen ganzen Museumsbereich, der sich »Zukunftswerkstatt« nennt, auf den individuellen Personenverkehr – inklusive Werbung für eine bestimmte schwäbische Automobilmarke – auszurichten?

LAGE: Forscherfabrik Schorndorf, Arnoldstraße 1, 73614 Schorndorf

ÖFFNUNGSZEITEN: dienstags bis freitags 14.00–17.00 Uhr, samstags, sonn- und feiertags 10.00–17.00 Uhr

HALTESTELLE: Schorndorf Bahnhof

SCHORNDORF

SALBEN RÜHREN

Keller der Gaupp'schen Apotheke

Im Jahre 1689 wurde die Gaupp'sche Apotheke als »Obere Apotheke« gegründet und war ab 1773 im Besitz der Familie Gaupp. Sie blieb es bis 1986. Auch nach der Übergabe der Apothekenräume wohnte die letzte Pharmazeutin der Familie, Rosemarie Gaupp, weiter im Haus am Marktplatz. Auf ihrem Wohnstockwerk befanden sich auch die Gläserkammer und andere von der Apotheke genutzte Räume. Als Rosemarie Gaupp hochbetagt starb, mussten sich die heutigen Inhaber Annette und Peter Gamm mit den Erben auseinandersetzen, was mit den der Apotheke zugehörigen Gegenständen zu geschehen habe. Glücklicherweise gab es eine Einigung, und statt auf dem Flohmarkt landeten die historischen Gegenstände im neu errichteten Museum im Gewölbekeller der Apotheke, wie es sicher im Sinne der Erblasserin gewesen wäre.

Zwar bilden die Gläser den Grundstock des Museums, doch auch in der Apotheke selbst fand sich genug Museales. Eine umfangreiche Pillendosensammlung bekamen die Gamms von einem anderen Apotheker überlassen. Hingucker sind ein Reibeschälchen für Gift, Zäpfchengussformen, Tubenbefüller, ein Pillenbrett, ein großes Glas für Kinderhustensaft und eines für »homöopathischen Herzwein« und ein großer Homöopathieschrank mit vielen Schüben – die Gamms sehen sich als Bewahrer der alten Apothekentradition, die fast ausschließlich auf Pflanzenwirkstoffen beruhte.

Nicht im eigenen Haus, sondern in einer Gärtnerei fanden die Gamms den Kessel wieder, in dem seit 1840 im Haus Lakritz gekocht worden ist. Da noch große Mengen alter Döschen mit dem Aufdruck »Schorndorfer Lakritz« vorhanden waren, beschlossen sie, diese Süßigkeit »für Sänger und Redner«, wie es auf der Dose steht, wieder nach altem Rezept aus Süßholz herzustellen und zu verkaufen. Auch Menschen anderer Berufsgruppen können sich an Geschmack und Wirkung der fast 180 Jahre alten Spezialität freuen! Die Apotheke bietet Führungen in ihrem Gewölbekeller an. Für Kindergeburtstage kann ein Programm gebucht werden, bei dem Kinder eigene Salben rühren.

LAGE: Gaupp'sche Apotheke, Geschäftsführer Peter Gamm e. K., Oberer Marktplatz 1, 73614 Schorndorf

OFFENE FÜHRUNG: donnerstags 16:30 Uhr (in den baden-württembergischen Schulferien nach Absprache)

HALTESTELLE: Bahnhof Schorndorf

CORNU
CERVI RASPAT.
CASSIA FISTULA
Rad. Petrosel.
Rhiz. Rhei
Rad. Ratanh.
Myrrha
Rhiz. Iridis
Rhiz. Zingiber.
CORT. QUERC. CC.
CORT. FRANGUL.
FLOR. CHAMOMILL.
FLOR. CHAMOMILL.
FLOR. CHAMOMILL.
FLOR. TILIAE
FOL. FARFAR.
FOL. MELISS.
FOL. MENTH. PIP.
FOL. MENTH. PIP.
FOL. SENNAE
FOL. UVAE URSI
FRUCT. JUNIPER.
FRUCT. PIPER. ALB.
HERB. ABSINTH.
HERB. EQUISET.
HERB. HYPERIC.
HERB. MILLEFOL.
HERB. PLANTAGIN.
HERB. THYMI
RAD. LIQUIRIT.
SEM. CYNOSBATI
SEM. FOENUGR.
SEM. LINI TOT.

SCHWÄBISCH GMÜND

REISEN NACH JERUSALEM

San Salvator

Jerusalem liegt im Remstal – und zwar gleich hinter dem Bahnhof von Schwäbisch Gmünd. Auf dem Nepperberg befinden sich in unmittelbarer Nachbarschaft der Ölberg und Golgatha. Am ehemaligen Güterbahnhof beginnt der Kreuzwegaufgang mit Bildstöcken, Kapellen und lebensgroßen Darstellungen der Passion Christi aus verschiedenen Epochen – so nah ist das Heilige Land!

Eine Pause einlegen können Pilgerinnen und Pilger in der Brunnenkapelle, wo einst das Quellwasser, dem seit Jahrhunderten heilsame Wirkung zugesprochen wird, aus der Wunde in Christi Brust floss. Die Kapelle hat daher auch den Namen Herz-Jesu-Brünnlein. Auf einem natürlichen Sandsteinfelsen thront die Darstellung des Berges Golgatha. Im Winter, ehe die vielen Bäume, die auf dem Kreuzweg Schatten spenden, im Laub stehen, kann man schon von Weitem Jesus am Kreuz erkennen mit den beiden gekreuzigten Verbrechern zur Rechten und Linken.

Beeindruckender Höhepunkt und Ziel der Gläubigen, die seit dem Dreißigjährigen Krieg hier beteten, sind die im Felsen liegenden Kapellen, die teilweise natürliche Höhlen sind, aber erweitert wurden. Votivgaben in der unteren Felsenkirche wurden als Dank für wundersame Heilungen in die Kapellen gebracht, die durch das spärliche Licht einen mystischen Charakter bekommen.

Auch die obere Kapelle, die einst nur über eine Leiter zugänglich war, hat der Kirchenbaumeister, Bildhauer und Steinmetz Kaspar Vogt aus dem rohen Sandstein herausgeschlagen. Faszinierend ist die von ihm in den Felsen gehauene Ölbergszene. Nahezu lebensgroße Figuren erzählen von der Todesangst Jesu, ehe er gefangen genommen wurde, und von seiner sprichwörtlich gewordenen Bitte: »Möge dieser Kelch an mir vorübergehen.«

Der helle Platz vor der Kirche mit Blick auf die in den Felsen gehauenen Motive, die Außenkanzel, den achteckigen Kirchturm und über die Stadt Gmünd liegt so nah an der Stadt. Dennoch beschleicht einen das Gefühl, weit weg zu sein, vielleicht nicht in Jerusalem, aber doch hoch über dem geschäftigen Alltag.

LAGE: Salvator-Freundeskreis e. V., Nepperberg 1, 73525 Schwäbisch Gmünd

HALTESTELLE: Schwäbisch Gmünd Bahnhof

SCHWÄBISCH GMÜND

IM SPITAL LESEN

Stadtbibliothek

Als das Spital zum Heiligen Geist in Gmünd 1984 aufgelöst wurde, da war es das Krankenhaus in Deutschland, das auf die längste ununterbrochene Geschichte zurückblicken konnte.

Es war im Mittelalter vom Hospitalorden zum Heiligen Geist gegründet worden. Von seinem Gründungsideal her war der Orden besonders der Armen-, Waisen- und Krankenpflege verpflichtet, die Mönche beherbergten in ihren Spitälern aber auch Pilger. Das Spital in Schwäbisch Gmünd muss vor 1269 eröffnet worden sein, denn damals bekamen die Spitalbrüder die Erlaubnis, eine Kapelle auf dem Krankenhausgelände zu errichten, die nicht erhalten blieb.

Das Spital darf man sich nicht wie ein heutiges Spital vorstellen. Bedürftige wurden seinerzeit mit Lebensmitteln versorgt, und bei den kranken Menschen, die aufgenommen wurden, ging es mindestens so sehr um die Seelsorge wie um ihre körperliche Heilung. Das Spital war im 16. Jahrhundert der größte Grundbesitzer im Gmünder Raum, was ihm unter anderem ermöglichte, sich selbst zu versorgen. Es unterhielt eine eigene Mühle, die heute noch mit Kunstwerken und Pflanzen im gastlich gestalteten Innenhof steht. Den Status als Selbstversorger behielt das Spital bis 1951, was in der unmittelbaren Nachkriegszeit ein Riesenvorteil war.

Das beeindruckende Amtshaus des Spitals zeigt in seinen Fachwerkverstrebungen den »Schwäbischen Mann«. Geheilt werden kann man heute hier immer noch – geheilt von Langeweile! Rund 100 000 Medien stehen in dem fabelhaft sanierten und mutig modernisierten Gebäude zur Ausleihe bereit: Romane, Sach- und Fachliteratur, Kinderbücher, Jugendliteratur, Zeitschriften und Tageszeitungen, CDs, DVDs, BluRays, PlayStation-4-Spiele, Stadtpläne, Rad- und Wanderkarten, Landkarten, Spiele. Man kann sich jedoch auch vor Ort stundenlang unterhalten lassen oder bilden. Es gibt Plätze, um CDs zu hören, Internet-Plätze, einen Arbeitsplatz mit Textverarbeitung und kostenloses WLAN.

LAGE: Stadtbibliothek Schwäbisch Gmünd, Spitalhof 1, 73525 Schwäbisch Gmünd

ÖFFNUNGSZEITEN: dienstags bis freitags 10.00–18.00 Uhr, samstags 9.30–14.00 Uhr

HALTESTELLE: Marktplatz (mehrere Linien ab Bahnhof Schwäbisch Gmünd)

LAGE: Museum im Prediger, Johannisplatz 3, 73525 Schwäbisch Gmünd

ÖFFNUNGSZEITEN: dienstags, mittwochs, freitags 14.00–17.00 Uhr, donnerstags 14.00–19.00, samstags und sonntags 11.00–17.00 Uhr

HALTESTELLE: Schwäbisch Gmünd Marktplatz (verschiedene Linien ab Bahnhof Schwäbisch Gmünd)

SCHWÄBISCH GMÜND

VORBILDER FINDEN

Museum im Prediger

Im Jahre 1876 eröffnete in Schwäbisch Gmünd eine »Vorbildersammlung«. Ihr Ziel war es nicht in erster Linie, die Besucher zu unterhalten und zu erfreuen, sondern das Produktdesign kunsthandwerklicher und industriell gefertigter Waren zu modernisieren.

Heute ist Schwäbisch Gmünd Hochschulstandort, an dem man Gestaltung studieren kann – ein Studiengang mit Tradition in der Stadt. Schon 1776 fand die Gründung der Zeichenschule statt, die 1860 zur Gewerbeschule mit eigener Fachabteilung für Gold- und Silberschmiede erweitert wurde. Nachdem die Gmünder Fabrikanten Hermann Bauer und Julius Erhard auf der Wiener Weltausstellung 1873 den Eindruck gewannen, dass die Gmünder und die Deutschen generell beim Design anderen Ländern hinterherhinkten, gründeten sie das »Gewerbemuseum«.

In der Zwischenzeit hat sich die Sammlung um beachtliche Kostbarkeiten erweitert. Der Schatz des Heilig-Kreuz-Münsters ist der umfangreichste Kirchenschatz in Baden-Württemberg. Da er immer nur teilweise und meist nur an hohen Feiertagen für die Kirchgänger zu sehen war, beschloss die Münstergemeinde 1987, einen Teil des Münsterschatzes als Dauerleihgabe dem städtischen Museum zur Verfügung zu stellen, damit er ganzjährig bewundert werden kann. Das älteste und kostbarste Stück des Münsterschatzes ist ein Reliquiar. Es enthält ein in Gold eingefasstes Stück Holz, das vom Kreuz Christi stammen soll. Der Splitter des Kreuzes wurde vom Staufer Konrad III. im 12. Jahrhundert vom Kreuzzug nach Jerusalem mitgebracht.

Im Museum im Prediger wird Gmünds Geschichte als Schmuckstadt gezeigt. Es werden feine Schmiedearbeiten aus Metallfäden präsentiert, das Material der Fäden ist größtenteils Silber. Die filigranen, zerbrechlich wirkenden Gebilde dienten zur Fassung von Rosenkranzperlen oder volkstümlicher Schmuck-Anhänger.

Ein chronologisch angelegter Rundgang führt durch alle Epochen der Stadtgeschichte Schwäbisch Gmünds, von der Steinzeit zu Funden aus der Römerzeit, darunter etwa eine Götterfigur, ein kleiner Jupiter mit dem Gesicht von Kaiser Antonius Pius. Weiter geht es mit den Staufern zu den Grafiken von Hans Baldung Grien, in denen es von Hexen und Dämonischem wimmelt, bis zur Klassischen Moderne des 20. Jahrhunderts.

SCHWÄBISCH GMÜND

BONBONS MACHEN

Manufaktur Bonbole

Die Manufaktur hat neben Bonbole auch Schlotzer – zu Hochdeutsch Lutscher, kunterbunt und süß und handgemacht. Bei Gaby und Eike Möller von der Manufaktur Bonbole gibt es keine automatischen Pressen, sie verwenden nur natürliche Zutaten – außer bei der Farbe Grün, denn da sind in der EU keine rein natürlichen Farben mehr zugelassen. Wichtiger Bestandteil der grünen Bonbons ist jedoch der Pflanzenfarbstoff Chlorophyll.

Es werden Kurse für Kinder und Erwachsene angeboten, bei denen diese ihre eigenen Bonbons produzieren dürfen. Man muss sich lange im Voraus anmelden, so gefragt ist es, sich als Bonboncreateur auszuprobieren. Wer keinen Kursplatz ergattert, kann im Laden durch eine Scheibe zusehen, wie es geht. Für manche Bonbons werden historische Kissenpressen und Walzen verwendet, die den Bonbons ihre Form geben.

Aber wie kommen die winzig kleinen Birnenbildchen in die Birnenbonbons? Wie macht man, dass in den Cassisbonbons ein Schmetterling zu sehen ist und dass die Kiwibonbons wie die Scheibe einer aufgeschnittenen Kiwi aussehen? Wie entsteht die naschbare Kunst? Gaby und Eike erklären es gerne jedem, der zusehen und -hören mag. Die Bestandteile der Bonbongrundmasse sind Zucker, Glukosesirup und Wasser. Die Zutaten werden zusammen auf 150 °C erhitzt. Danach werden, je nach Bonbon, die Farben in die Bonbonmasse gerührt und der Geschmack zugefügt. Nun wird die Bonbonmasse über den Haken gezogen. Sie bekommt kleine Lufteinschlüsse und wird dadurch heller und glänzender. Immer noch ist die Masse sehr heiß. Nächster Schritt ist das Zusammensetzen des Motivs in einer dicken Rolle, die dann so lange gedehnt wird, bis sie Bonbondurchmesser hat und das Motiv in Miniatur zu sehen ist. Alles muss recht schnell gehen, und für manche Arbeitsschritte müssen beide Ladenbesitzer mit anpacken. Dann müssen die zahlungswilligen Kundinnen und Kunden, die sich ihre Mischung aus den verschiedenen, in einzelnen Behältern angebotenen Sorten zusammengestellt haben, einen Moment warten, bis wieder kassiert werden kann.

Und wenn man schon mal dort ist:

Das Silberwarenmuseum in der Ott-Pauser'schen Fabrik zeigt, was Goldschmiede, Graveure, Ziseleure und Poliererinnen hier zu produzieren verstanden.

LAGE: Bonbole, Eike Möller, Kappelgasse 2, 73525 Schwäbisch Gmünd

ÖFFNUNGSZEITEN: montags bis freitags 10.00–18.00 Uhr, samstags 10.00–14.00 Uhr

HALTESTELLE: Vordere Schmiedgasse, Schwäbisch Gmünd (Bus 5 von Schwäbisch Gmünd ZOB Richtung Hussenhofen)

SCHWÄBISCH GMÜND

FRÜH-STÜCKEN

Café Bunter Hund

Bunte Hunde überall zieren das Café mit dem (ent-)sprechenden Namen. Die Pfeiler eines ansonsten weniger charmanten Betongebäudes sind bunt umstrickt, an den Wänden hängen Plakate vergangener und zukünftiger Veranstaltungen, die im Bunten Hund stattfinden, und immer mal wieder ein bunter Hund aus Bügelperlen, aus Holz oder aus Papier. Bunt ist auch die Gästeschar, viele Kinder krabbeln durch das Café. Es setzt sich ein für eine bunte Gesellschaft, in der auch Menschen mit Beeinträchtigung ihren Platz haben. Das Café wird vom Haus Lindenhof betrieben.

Die Stiftung Haus Lindenhof hat 1.800 Mitarbeitende. Sie begleiten, fördern, betreuen und pflegen derzeit rund 2.200 alte und pflegebedürftige Menschen und Menschen mit Beeinträchtigung. Manche arbeiten auch im Bunten Hund.

Unter anderem die Zutaten der überaus leckeren Frühstücks- und Mittagsangebote sind unter Beteiligung von Menschen mit Beeinträchtigung hergestellt. Zum Beispiel werden der Kaffee von el molinillo, der Kaffee-WfbM in der Laufenmühle Welzheim, ausgeschenkt und frischer Joghurt, Frischkäse und Apfelsaft vom Oberen Haldenhof der Stiftung Haus Lindenhof angeboten.

Die Produkte kommen auch sonst alle aus der Region: Brot, Butter, Frischkäse, Honig. Es gibt Honig vom Zusenhof in Waldstetten und Camembert aus dem Jagsttal. Zum Bestellen bekommt jeder Tisch eine Karte, auf der die gewünschten Speisen und Getränke angekreuzt werden müssen. Die Bestellung wird hinter der Theke zusammengestellt.

Neben dem Cafébetrieb finden abends immer wieder Veranstaltungen mit Musikern mit und ohne Beeinträchtigung statt. Regelmäßig gibt es Konzerte der Band »Staubstumm«, in der bereits seit zehn Jahren Menschen Freude am Musikmachen, am Quatschmachen, am Auftreten und am Texten haben.

LAGE: Bunter Hund, Begegnung Kultur Café, Buhlgäßle 5, 73525 Schwäbisch Gmünd

ÖFFNUNGSZEITEN: Cafébetrieb: mittwochs und samstags von 9.00–15.00 Uhr; bei Abendveranstaltungen ab 18.00 Uhr geöffnet, Beginn 20.00 Uhr. Termine unter www.bunterhund-online.de

HALTESTELLE: Schwäbisch Gmünd Marktplatz

SCHWÄBISCH GMÜND

SENKRECHT HOCHGEHEN

Kletterschmiede

In der hellen Halle hinter dem Bahnhof in Schwäbisch Gmünd dürfen nicht nur Mitglieder des Deutschen Alpenvereins klettern, der sie betreibt. Sie steht jedem offen, selbst Menschen, die nicht zum Klettern, sondern wegen eines leckeren Burgers auf der Sonnenterrasse des Bistros Steinbeißer kommen.

In der Halle wird an künstlichen Wänden geklettert. Die einzelnen Routen mit teils ziemlich witzigen Namen sind durch farbige Griffe markiert, die die ganze Halle bunt tüpfeln. Die 119 Routen sind in verschiedene Schwierigkeitsstufen unterteilt, sie haben die Schwierigkeitsstufen 3 bis 10. Die Halle ist 16 Meter hoch und bietet insgesamt 1.200 m^2 Kletterfläche. Geklettert wird meist im »Top-Rope«, das heißt, das Sicherungsseil läuft am Ende der Route durch eine Umlenkung hinab zum Kletternden. Bei einem Sturz fällt die Kletterin oder der Kletterer also nicht in die Tiefe, sondern wird direkt weich abgefangen. Das Verletzungsrisiko ist daher sehr gering.

Voraussetzung zum Hallenklettern ist natürlich, dass jedes Kletterteam weiß, wie man sichert. Die freundlichen und hilfsbereiten Kletterschmiede bieten Kurse an.

Beim Sportklettern reicht eine einfache Ausrüstung aus, die auch entliehen werden kann: Dazu gehören Kletterschuhe, Klettergurt, Sicherungsgerät, Kreidebeutel und Kreide.

Wem das mit dem Seil zu kompliziert ist, wer Höhenangst, einfach Spaß am Bewegen oder keinen Kletterpartner hat, der kann bouldern. Die Boulderwand bietet 250 m^2 Kletterfläche mit den verschiedensten Wandneigungen von platt bis supersteil. Füllgriffe ermöglichen es, neben den 40 vorgeschlagenen Boulderrouten selbst kreativ zu werden und eigene Boulder zusammenzustellen.

Um die Kletterkraft zu steigern, steht ein Kraftbereich mit Ringen, Beastmakern, Steckbrett, Campusboard und der Rollbar zur Verfügung. Nur Mut!

LAGE: Kletterschmiede des DAV, Nepperbergstraße 21, 73525 Schwäbisch Gmünd

ÖFFNUNGSZEITEN: montags bis mittwochs 14.00–21.00 Uhr, donnerstags und freitags 10.00–23.00 Uhr, samstags und sonntags 10.00–22.00 Uhr

HALTESTELLE: Bahnhof Schwäbisch Gmünd

Jolly
CLUB 500
FIAT 500

SCHWÄBISCH GMÜND

SCHMIERÖL SCHNUPPERN

Oldtimermanufaktur 26

Speiseöl neben Schmieröl – die Oldtimermanufaktur B26 riecht nach Nostalgie. Hier können stolze Oldtimerbesitzer ihre Wagen unterstellen, hier werden sie überwacht – und nicht nur das: Wer jeden Kratzer an seinem heiliga Blechle vermeiden möchte, der kann es sogar gegen Gebühr in einen Glaskasten sperren und es von den Gästen der Gastronomie und der Feinkostläden bewundern lassen. Das TÜV-Süd ClassiC-Center bietet Gutachten für Fahrzeuge mit H-Kennzeichen (Kennzeichen für Autos, die älter als 30 Jahre sind) an; verschiedene im Gebäude angesiedelte Autowerkstätten kümmern sich um Wartung, Restaurierung und den reibungslosen Einsatz der Schätze bei Oldtimerausfahrten. Dabei sind die zur Hallenmitte offenen Betriebe keine Klitschen, sondern haben Galeriecharakter. Die Autos stehen auf den Hebebühnen nicht wie reparaturbedürftige Altwagen, sondern wie ausgestellte Kunstobjekte.

Das Ambiente ist sehr passend für Auto-Klassiker: Die immer noch erfolgreiche, aber inzwischen zum Teil eines internationalen Konzerns gewordene Pumpenfabrik Ritz hat die Fabrikhalle 1928 nach Plänen des Architekten Adolf Albert Schieber errichten lassen, und zwar ganz im Stil der Neuen Sachlichkeit. Strenge Geometrie und der Goldene Schnitt prägen die Backsteinhalle. Ornamente fehlen, Funktionalität steht im Vordergrund.

Wer keinen Klassiker fährt, muss auf dem alten Firmenparkplatz parken. Alte Autos dürfen direkt bis vor den Biergarten fahren. Dort findet sich sicher ein Gesprächspartner für Fachsimpeleien.

Man muss aber kein Oldtimerbesitzer sein, um es sich im Ritz zwischen Bentleys und Bullys gut gehen zu lassen. Jeden Tag gibt es Frühstück und Mittagsangebote, und einmal wöchentlich hat das Ritz auch abends geöffnet. Der Kaffee zum Kuchen wird frisch in der Pumpenfabrik geröstet. Im Genussraum Schönherr gibt es Weine und Öl – Speiseöl, wohlgemerkt.

LAGE: Manufaktur B26 GmbH & Co. KG, Becherlehenstraße 26, 73527 Schwäbisch Gmünd

ÖFFNUNGSZEITEN: freitags bis mittwochs 8.00–18.00 Uhr, donnerstags von 8.00–22.00 Uhr

HALTESTELLE: Pfitzerstraße (Bus 6 ab Bahnhof Schwäbisch Gmünd Richtung Wustenriet Rotenbachstraße)

SCHWÄBISCH GMÜND-BETTRINGEN

BEBRILLT GOLFEN

Schwarzlichtminigolf

Fantastische Welten liegen vor dem, der die Räume von Simigolf betritt und eine Prismenbrille aufsetzt. Im April 2017 hat ein Künstlerteam mit konventionellen Neonfarben aus dem Baumarkt hier in nur zwei Wochen drei dreidimensionale Themenwelten an Wände und Decken gepinselt, die den Spielenden die räumliche Orientierung erschweren und es problematisch machen zu erkennen, wo auf den Minigolfbahnen wirklich Hindernisse liegen und wo sie nur eine bunte Illusion sind. Die Spielregeln entsprechen denen des Minigolfs, und auch die Bahnen erinnern daran.

Der erste Raum zeigt eine Märchenwelt: Ein Einhorn, Wappentier Schwäbisch Gmünds, weidet zwischen Bäumen mit Gesicht und einer Nase aus Rinde. Eine Mischung aus Eule und Schmetterling fliegt vorbei, während eine Schildkröte mit Stielaugen George W. Bush und Bud Spencer begegnet, nach dem Gmünd sein Freibad benannt hat. Auch in der zweiten Themenwelt wird auf Gmünd angespielt: Das goldene Haus aus der Stadtmitte ist in die Weiten des Alls transloziert. Das Marsmobil und Astronauten zieren in einem Weltraum-Raum mit Minigolfbahnen, die Ufo-Landeplätze darstellen, die Wände. Barbarella trifft hier auf Extraterrestrier. Besonders irreal fühlt man sich in der Unterwasserwelt des dritten Raums zwischen Vulkanen am Meeresboden, Oktopussen, einem Delfin und dem intelligenten Belugawal.

Das Spiel im Schwarzlicht macht doppelt Spaß: Da ist einerseits das Vergnügen, zu versuchen, mit wenigen Schlägen den Ball zu versenken, und andererseits der Reiz, die Wände nach Anspielungen abzusuchen, nach literarischen wie »Alice im Wunderland«, filmischen wie »Findet Nemo« und »Raumschiff Enterprise«, architektonischen und kunsthistorischen wie die Gesichter Archimboldos. Die Anlage ist im Wortsinn ein traumhafter Spielraum und ein Kunstraum!

LAGE: Simigolf Schwäbisch-Gmünd, Weilerstraße 25, 73529 Schwäbisch Gmünd-Bettringen

ÖFFNUNGSZEITEN/EINLASS: donnerstags 15.00–20.30, freitags 15.00–22.00, samstags 12.00–22.00, sonntags 12.00–19.00 Uhr (geschlossen wird 90 Minuten nach dem letzten Einlass)

HALTESTELLE: Unterbettringen Ortsmitte (Buslinie 2 ab Schwäbisch Gmünd ZOB)

SCHWÄBISCH GMÜND-STRASSDORF

IM MUSEUM ESSEN

Stegos Malermuseumscafé

Die Zusammensetzung der Gäste an einem Sonntagnachmittag ist bunt: ältere Herrschaften, junge Menschen mit geistiger Behinderung, Paare. Alle werden gleich und gut bedient mit hervorragend hausgemachtem, gerolltem Bienenstich, Obstkuchen mit Streuseln oder Schokotorte. Allein dafür lohnt sich schon der Besuch von Stegos Café in Eugen Stegmaiers ehemaliger Werkstatt, dem ehemaligen Laden und dem Malerwinkel! Bei guter Witterung wird auch auf der Südterrasse direkt unterm Rechberg bewirtet.

Die Idee zum Museum hatte der Inhaber, als sein Sohn mit seiner Werkstatt in ein neues Gebäude umzog. Seine Frau träumte von einem Café, er von einer Möglichkeit, historische Handwerksobjekte, nicht nur Malerarbeiten, sondern auch bei Abbrüchen gerettete Türen und Fenster auszustellen. Am Ende ließ sich beides verwirklichen und die eingeladenen Vertreter der Innung sich dazu bewegen, das Museum offiziell als Süddeutsches Malermuseum anzuerkennen. Der Oberbürgermeister von Gmünd übernahm die Schirmherrschaft, und Eugen Stegmüller malte dafür kostenfrei eine Kapelle aus. Die Zunftstube liegt hinter der restaurierten Originaltüre der Strassdorfer Sakristei, die Eugen Stegmüller vor dem Verbrennen gerettet hat.

In der Sakristei füllt der Gastgeber, wenn Gäste vom Fach kommen, immer noch den Zunftpokal aus dem Jahr der offiziellen Aufhebung des Zunftzwanges und der Einführung der Innungen mit Wein. Interessant ist der Vergleich zwischen dem Meister- und dem Gesellenpokal. Auch bei den Trinkgepflogenheiten gab es einst eine Zweiklassengesellschaft.

Zu sehen gibt es im Museum Pigmentmühlen in zwei verschiedenen Größen und einen Schrank, in dem die pulverisierten Farbsubstanzen lagern, Deckblätter von über 100 Jahre alten Tapetenmusterbüchern, Walzen zum Verschönern der Wände – was billiger war als Tapeten –, über 100 Jahre alte Schablonen, um Ornamente aufzusprühen, sowie alte Holzbearbeitungswerkzeuge.

LAGE: Eugen Stegmaier, Öschweg 24, 73529 Schwäbisch Gmünd

ÖFFNUNGSZEITEN: mittwochs bis sonntags 14.00–18.00 Uhr und nach Absprache unter Tel. 07171-43791

HALTESTELLE: Straßdorf Scherrenbacher (Bus 4 von Schwäbisch Gmünd Richtung Wißgoldingen)

SCHWÄBISCH GMÜND-WETZGAU

SEEIGELIG BAUEN

Himmelsgarten

Der Himmelsgarten in Wetzgau ist ein erlebenswertes Überbleibsel der Landesgartenschau 2014. Der Park mit einem wundervollen, großen Wasserspielplatz und einem beeindruckenden Aussichtsturm, dem Himmelsstürmer, einem Klettergarten, einem sehr fantasievollen Bienenhotel und Tiergehegen mit Alpakas und Kleintieren bietet Familien genug Abwechslung für einen ganzen Tag!

Ein besonderes architektonisches Highlight ist der Pavillon, den die Universität Stuttgart nach bionischen Prinzipien hergestellt hat. Bionik nimmt sich die Natur zum Vorbild. Ihr liegt die Annahme zugrunde, dass die belebte Natur optimale Strukturen und Prozesse entwickelt hat, von denen der Mensch lernen kann. Die Forscher der Uni lernten von einem sonst eher unbeachteten Tier, dem Seeigel. Dessen Schalenskelett fasziniert Architekten: Es ist dünn und trotzdem stabil – wie das Dach des Wetzgauer Holzpavillons. 243 Platten aus Buchen-Funierschichtholz haben die beteiligten Institute für Computerbasiertes Entwerfen (ICD), für Tragkonstruktionen und Konstruktives Entwerfen (ITKE) und für Ingenieurgeodäsie (IIGS) der Universität Stuttgart in dem geschwungenen Pavillon verbaut, jede davon nur fünf Zentimeter dick. Der Pavillon ist also ein Exempel für sparsames Bauen.

Und wem beim Betrachten der Sechsecke des Gebäudes der Gedanke an Fußball kommt, der kann wenige Meter entfernt das sogenannte Billardfußball spielen. Man benötigt dafür eine Mischung aus Ballgefühl, Köpfchen und Spaß. Statt eines Queue benützt man seine Beine und versucht, mit Fußbällen kleinere Bälle zu versenken. Das Spielfeld kann stundenweise gebucht werden.

Eine im Wortsinn Riesenattraktion sind die zehn bis 14 Meter großen Dinosaurier im Urweltgarten. Tyrannosaurus Rex und seine Kollegen aus Plastik leben zwischen echten pflanzlichen Relikten aus der Urzeit: Araukarien, verschiedenen Baumfarnen, dem Ginkgo und einer Wollemie, die lange als ausgestorben galt.

Und wenn man schon mal dort ist:

In die Stadt gelangt man auf dem kinderwagentauglichen Walderlebnispfad Naturatum, dessen Highlight eine Waldmurmelbahn ist und an dessen Ende es sich im Taubental herrlich grillen lässt.

LAGE: Familienpark Himmelsgarten, Deinbacher Str., 73527 Schwäbisch Gmünd

ÖFFNUNGSZEITEN: Park frei zugänglich, Spielfelder und Minigolf von Mai bis Oktober je nach Witterung montags bis freitags ab 14.00 Uhr, samstags, sonn- und feiertags sowie in den baden-württembergischen Schulferien täglich ab 10.00 Uhr bis zur Abenddämmerung

HALTESTELLE: Wetzgau Deinbacher Straße (Bus 6 von Schwäbisch Gmünd Bahnhof Richtung Kleindeinbach)

LAGE: Weleda AG, Erlebniszentrum, Am Pflanzengarten 1, 73527 Schwäbisch Gmünd

ÖFFNUNGSZEITEN: allgemeine Führungen (ohne Anmeldung) Mitte Mai bis Ende September; Cafeteria: www.weleda.de/weleda/erlebniszentrum/erleben

HALTESTELLE: Weleda Gärten (Bus 6 vom Bahnhof Schwäbisch Gmünd Richtung Deinbach)

SCHWÄBISCH GMÜND-WETZGAU

AN BLUMEN SCHNUPPERN

Weleda-Heilpflanzengarten

Damit die Essenzen der Heil- und Duftkräuter, die in den Cremes und Kügelchen, Salben und Seifen von Weleda enthalten sind, sich nicht schon vor der Produktion der Tinkturen verflüchtigen, setzt Weleda auf kurze Wege. Die Räume der Tinkturenherstellung befinden sich gleich im Eingangsbereich des Heilpflanzengartens, von dem ein als Schaugarten gestalteter Bereich für Besucher offen ist. Die Blätter, Blüten, Wurzeln und Rinden werden zu Ölauszügen sowie alkoholischen und wässrigen Tinkturen verarbeitet. Durch die Scheiben kann man bei der Produktion zusehen. Nicht alle bei Weleda verwendeten Pflanzen kommen aus Wetzgau, Ylang-Ylang etwa bezieht das Unternehmen von einer Kooperative aus 16 in Madagaskar ansässigen Farmern. Doch in Wetzgau wachsen auf 23 Hektar dennoch 800 Pflanzenarten, wovon 160 Arten erntefrisch zu Tinkturen für Arzneimittel und Naturkosmetik weiterverarbeitet werden.

Die Arzneimittel folgen der anthroposophischen Lehre, die versucht, spirituelle Kräfte und wissenschaftliche Erkenntnisse in Einklang zu bringen. Rudolf Steiner hat das Logo der nach einer germanischen Prophetin benannten Marke gezeichnet. Neben der durchaus anerkannten Naturkosmetik offeriert Weleda auch Tabletten mit der etwas irritierenden Angabe, sie enthielten »vegetabilisierte Metalle« zur »Harmonisierung und Stabilisierung des Wesensgliedergefüges bei nervöser Erschöpfung und Stoffwechselschwäche«.

Das Weleda-Erlebniszentrum bietet regelmäßig Führungen durch den Heilpflanzengarten an, etwa die »Hildegard von Bingen und Rudolf Steiner Führung«, Wahrnehmungs-, Mal- oder Meditationsrundgänge.

Man kann den Garten auch allein erkunden. Weidentipis mit kunstvollen Ornamenten, ein Weidendom und eine begehbare Sonnenuhr, auf der man mit dem eigenen Körper die Uhrzeit anzeigen kann, bieten zwischen den Blühpflanzen Hingucker. Sehr interessant ist die Wurzelgalerie. Zwischen Plexiglasscheiben kann man die sonst dem Betrachter verborgenen unter der Erde befindlichen Pflanzenteile studieren – und sehen, wie tief der Boden durchwurzelt wird. Vermutlich hilft ein Spaziergang im Heilpflanzengarten schon gegen nervöse Erschöpfung – ganz ohne Tabletten.

STEINHEIM

VORFAHREN BEGEGNEN

Urmensch-Museum

Schon wer nach Steinheim hineinfährt, begegnet »Steppi«, einer vier Tonnen schweren Stahlnachbildung eines in Steinheim gefundenen Urelefanten. Sein beeindruckendes Skelett ist in dem für einen Ort von der Größe Steinheims beachtlichen Museum untergebracht, das nach seinem berühmtesten Exponat Urmensch-Museum heißt, aber ein didaktisch hervorragend gestaltetes Urzeit-Museum ist, das sich nicht allein auf menschliche Fossilien beschränkt, sondern jede Menge spektakuläre Exponate zu bieten hat. Die jüngeren Besucher bekommen einen eigenen Leitfaden zum Mitnehmen. Es werden jährlich Schreibwettbewerbe durchgeführt, bei denen Kinder sich etwa, wie 2018, fünf wichtige Stunden im Leben der Urmenschfrau ausdenken dürfen.

Die Fundgeschichte des 1933 entdeckten Schädelfossils wird anschaulich dargestellt, und es wird deutlich, wie viel Umsicht und vielleicht Glück dazu führten, dass das Schädelteil überhaupt geborgen und der Wissenschaft zugänglich wurde. Hätte man nicht zuvor schon die Knochen von Elefanten, Auerochsen, Riesenhirschen, Nashörnern und Wildpferden aus dem Pleistozän gefunden, die einen großen Teil der Ausstellung einnehmen, hätte man das Schädelstück vermutlich unbesehen weggebuddelt. So aber rief der Sohn eines Steinbruchbesitzers unverzüglich im Naturkundemuseum in Stuttgart an mit der Vermutung, ein Teil eines urtümlichen Affen entdeckt zu haben. Er arbeitete nicht weiter, sondern wartete, bis der Fund sachkundig geborgen werden konnte. Leider war vom restlichen Skelett der Frau nichts zu finden. Vermutlich wurde der Schädel lange nach dem Tod der jungen Frau bei einer Flut vom Skelett getrennt und angespült. Klar ist, dass die Person vor über 300000 Jahren lebte.

Sehr aufschlussreich ist eine Übersicht, wie unterschiedlich die Vorstellung vom Urmenschen seit der Entdeckung ist: mal mehr Tier, mal mehr Mensch. Die nach neuesten Erkenntnissen gefertigte Figur im Museum ist eine kleine, kraushaarige und grünäugige Frau mit Faustkeil.

LAGE: Urmensch-Museum, Kirchplatz 4, 71711 Steinheim

ÖFFNUNGSZEITEN: von Mitte Januar bis Mitte Dezember mittwochs bis freitags 13.00–17.00 Uhr, samstags, sonntags und an Feiertagen 12.00–17.00 Uhr

HALTESTELLE: Bahnhof Steinheim an der Murr (Busse 460 und 461 Richtung Beilstein oder Winzerhausen)

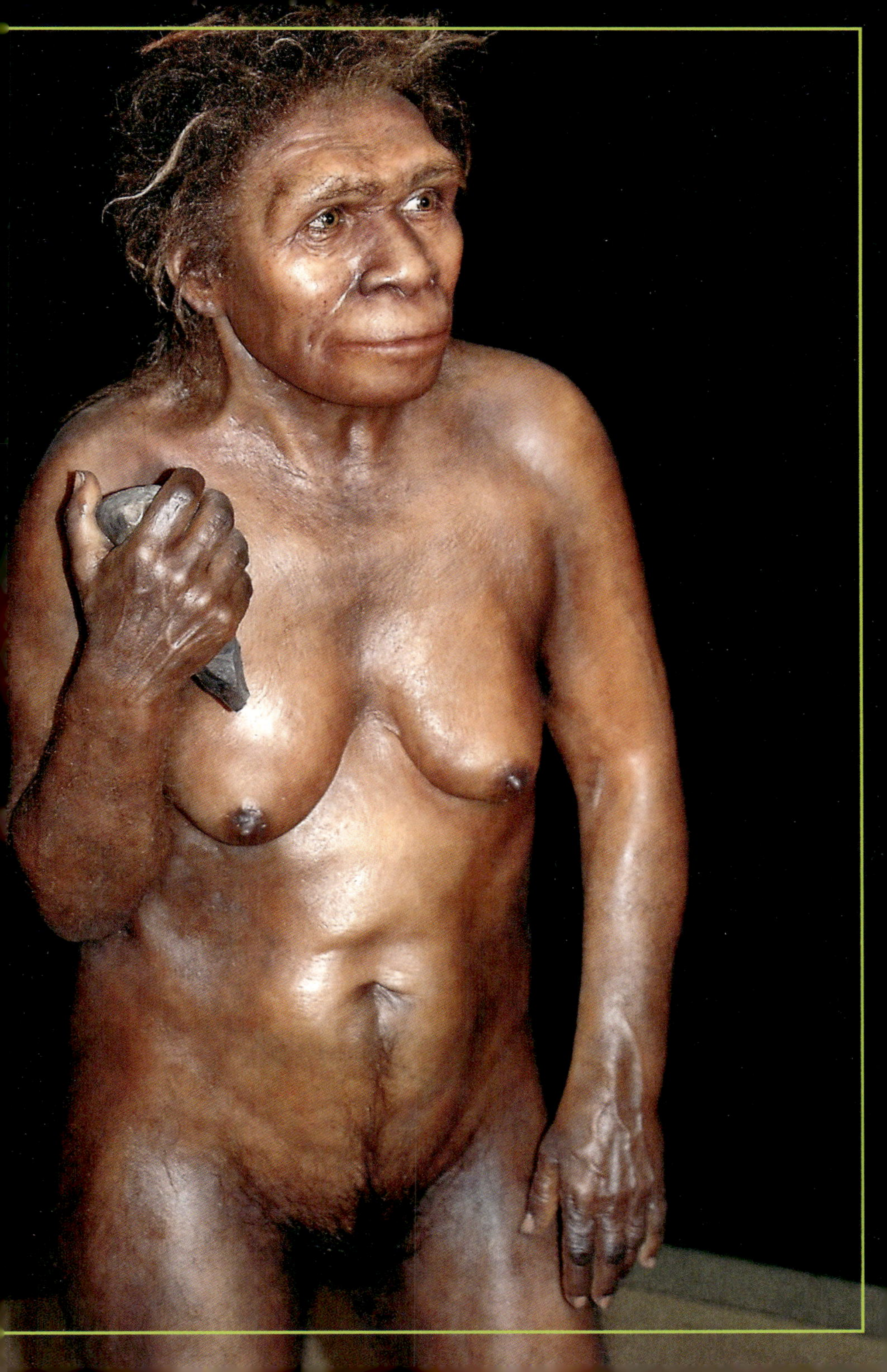

LAGE: Ernst Strassacker GmbH & Co. KG, Staufenecker Str. 19, 73079 Süßen

ÖFFNUNGSZEITEN: dienstags bis freitags von 10.00–12.00 und 13.00–17.00 Uhr

HALTESTELLE: Bahnhof Süßen (Regionalbahn von Stuttgart Richtung Ulm)

SÜSSEN

PLASTIKEN BETRACHTEN

Gießerei Strassacker

Die Gießerei Strassacker sorgt dafür, dass aus Entwürfen von Künstlern Metallskulpturen werden, die später Kreisverkehre, Stadien, Dorfplätze oder Vorgärten zieren. Manche sind auch klein genug, um in häuslichen Vitrinen unterzukommen. Ein Rehkitz, das jede Schauspielerin und jeder Schauspieler gerne in seinem Wohnzimmerschrank wohnen lassen würde, ist das Bambi. Seit mehr als fünf Jahrzehnten fertigt Strassacker jedes Jahr die deutsche Entsprechung zum Oscar.

Bronzeguss ist ein schweres Geschäft. In den Produktionshallen kreischen Sägen und klopfen Hämmer die fertigen Figuren aus den Negativformen. Doch wenn man auf dem Werksgelände an den Fabrikationsgebäuden vorbeigeht, kommt man in einen ruhigen, wunderschön angelegten Garten, belebt durch allerlei Statuen. Der Skulpturengarten in Süßen präsentiert auf über 8.000 Quadratmetern Objekte zum Bestaunen, zum Schmunzeln, zum Wundern, letztendlich auch zum Kaufen, doch auch Nicht-Kaufwillige sind willkommen.

Es handelt sich nicht bei allen Werken um Ehrfurcht einflößende Kunst. Der Maulwurf mit dem Stinkefinger, ein an den Baum urinierender Terrier, ein Ziehharmonika spielendes Mädchen, balgende Fuchsjunge, eine riesige, behäbige und sehr naturalistische Landschildkröte und kugelige Damen, die sich lediglich mit einem um den Kopf gewickelten Handtuch bekleidet haben, sind ebenso fröhliche Gartendekorationen wie ein Clown auf Stelzen oder ein angebundener Esel.

Kleinere Skulpturen sind im Innenraum zu sehen, etwa das Werk »Unerreichbar« des Schweizer Bildhauers Michel Favre, das zwei Menschen zeigt, die nicht zueinander kommen, oder »La Liberté«, bei der ein Mann in seiner Brust ein Fenster öffnet, um eine Taube fliegen zu lassen. Sie wurde von Annie Jungers entworfen, deren Großplastiken ihre Heimatstadt Brüssel schmücken. Es gibt aber auch Baden-Württembergische Größen und ihre kleinen Kunstwerke zu sehen: Die abstrakte, kugelbrüstige »Wassergöttin auf der Barke« ist ein Werk von Heinz Rupp, der 2002 mit der Euro-Medaille in Gold ausgezeichnet wurde.

Und wenn man schon mal dort ist:

Das 1933 als Firmenfreibad erbaute Schachenmayr-Bad in Salach lädt dazu ein, im Schatten mit Schachenmayr-Wolle zu stricken, bietet aber auch einen Matschplatz und ein Kinderbecken.

SULZBACH AN DER MURR

SICH AN BÄU-MEN SCHULEN

Arboretum

Ein Arboretum ist eine Ansammlung exotischer Bäume, sozusagen ein Zoo, in dem es statt Tieren Bäume zu bestaunen gibt. Das Publikum soll sein Wissen erweitern. Ein Arboretum ist also eine Baumschule im eigentlichen Wortsinn.

Tafeln erklären den Spaziergängerinnen und Spaziergängern den Namen, die Herkunft und die Eigenarten der gepflanzten Bäume. Dass sich am Arboretum in Sulzbach an der Murr auch die Forstliche Versuchsanstalt in Freiburg beteiligt hat, liegt daran, dass ein Arboretum auch eine wissenschaftliche Aufgabe hat – und zwar die, Wachstumsbedingungen einzelner Gehölze zu erforschen, zu sehen, welche Bäume unter den Standortbedingungen des Schwäbisch-Fränkischen Waldes wachsen.

Dass es einige Tafeln gibt, zu denen kein Baum mehr existiert, muss wohl bedeuten, dass der Baum sich auf etwas über 300 Metern über dem Meeresspiegel mit buntem Mergel als Untergrund und weniger als 950 Millimetern Niederschlag im Jahr vielleicht nicht wohlgefühlt hat. Das Sulzbacher Arboretum wurde 1978 angelegt. Die meisten Bäume sind also schon ziemlich mächtig.

Neben biologischem Wissen lernt man bei einem Rundgang, dass die Hinoki-Scheinzypresse, die hohe Luftfeuchtigkeit schätzt und ab 400 Metern Höhe vorkommt, das wertvollste Holz Japans liefert, aus dem auch der Kaiserpalast und viele Tempel gebaut sind. Auf dem Schild des Riesenlebensbaums aus dem westlichen Nordamerika, dessen leichtes, widerstandsfähiges Holz sich für Schindeln eignet, liest man, dass dieser Baum 800 Jahre alt werden kann.

Der größte Teil der gepflanzten und beschilderten Bäume sind Nadelhölzer, darunter auch die Koreatanne, über die man erfährt, dass sie sich wegen ihres oft unregelmäßigen Wuchses nicht gut als Weihnachtsbaum eignet, anders als die aus den Rocky Mountains stammende Stechfichte, die Weißtanne, die Schwarzkiefer und die als Weihnachtsbaum sehr begehrte Nordmanntanne aus dem Westkaukasus.

Und wenn man schon mal dort ist:
Der gemütliche Keller unter dem Sulzbacher Schlösslebräu gehörte früher zum Schloss Lautereck. Heute kann man dort neben Hefeweizen und Hellem ausgezeichnetes Red Lager trinken, bei dem der Hopfen direkt in den Tank gegeben wird.

LAGE: Arboretum Sulzbach an der Murr, 71560 Sulzbach an der Murr

HALTESTELLE: Sulzbach Hummelbühl (Bus 390 ab Backnang oder Murrhardt)

LAGE: Foto-Museum Uhingen, Kirchstraße 2/Rathaus Uhingen, 73066 Uhingen

ÖFFNUNGSZEITEN: unter www.foto-museum-uhingen.de

HALTESTELLE: Uhingen Bahnhof (Regionalexpress R1 von Stuttgart Richtung Ulm)

UHINGEN

EIN BILD MACHEN

Fotomuseum

Im Fotomuseum in Uhingen, welches die größte Kamerasammlung Baden-Württembergs beheimatet, kann man sich ein Bild davon machen, wie früher Bilder entstanden sind. Manche jungen Besucher finden es ziemlich verrückt, dass man in die Apparate einen Film einlegen musste, der mit Chemikalien entwickelt wurde, um dann auf Fotopapier vergrößert zu werden, auf dem dann in Schalen und giftigen Wässerchen zuerst schemenhaft, dann immer deutlicher die einzelnen Bilder sichtbar wurden. Doch selbst die Zeit vor dem Kleinbildfilm, für den unter dem Namen Leica in Hessen die erste Kamera entwickelt wurde, ist im Museum präsent. In einem nachgebauten Fotostudio sieht man, welche Geduldsprobe es war, vor über 100 Jahren so lange still zu halten, bis die Fotoplatte belichtet war. Es gab Stützen, um das lange Geradestehen zu ermöglichen – und ein Lächeln war natürlich nicht drin, denn das konnte nicht lange genug auf dem Gesicht eingefroren werden.

Fotos dienten anfangs, wie heute, als Erinnerungsstücke, doch bald erkannte man weitere Nutzanwendungen, die die Möglichkeit, Geschehnisse zu dokumentieren und an verschiedenen Orten zeigen zu können, eröffnete. Ein ganzer Koffer mit Glasdias von 1910 wurde dem Museum übergeben. Mit einem Projektor und martialisch-heldenhaften Bildern zog ein Redner durchs Land, um Freiwillige für die Kriegsmarine zu gewinnen. Auch zur Überführung von Tätern konnte die Kamera dienen. Eine besondere Leihgabe des Polizeipräsidiums Stuttgart an das Museum ist eine 3-D-Kamera der Polizei, mit der räumliche Aufnahmen von Tatorten gemacht werden konnten. Als die Filme empfindlicher wurden, konnten die Kameras kleiner werden.

In den Vitrinen im Rathaus in Uhingen stehen Spionagekameras aus verschiedenen Zeiten: Die Stirn-Geheimkamera, die, ausgelöst durch einen Gummiballon in der Hosentasche, Bilder durch das Knopfloch machte, wurde schon 1885 vorgestellt. Die Tessina, eine mit Schweizer Präzision gefertigte Spiegelreflexkamera, war die Standardkamera der Spione im Kalten Krieg. Sowohl in der Watergate-Affäre als auch in der Guillaume-Affäre brachten mit einer Tessina gemachte Aufnahmen den Staat in die Bredouille.

Und wenn man schon mal dort ist:
Bei der Confiserie Bosch kann man bei einer Betriebsführung zusehen, wie die süßen, an zwei Brüste erinnernden Wibele (Weibchen) entstehen.

URBACH

UNKENRUFEN LAUSCHEN

Morgensand und Seelachen

Die Natur, die im Naturschutzgebiet Morgensand geschützt wird, ist eine vom Menschen gemachte. Das Gebiet war vor dem Ersten Weltkrieg noch eine riesige Feuchtwiese, die überflutet wurde, wenn die Rems bei Starkregen über die Ufer trat. In den 1920er-Jahren wurden die Wiesen als Arbeitsbeschaffungsmaßnahme entwässert, später wurde Kies gebaggert. Es entstanden mehrere Gruben, die sich mit Wasser füllten und Seen oder kleine Teiche bildeten. Auch heute noch greift der Mensch ein: Der Naturschutzbund hat den Auftrag vom Regierungspräsidium erhalten, die Bäume immer wieder zurückzuschneiden, damit Schilfflächen erhalten bleiben und die Seen nicht verlanden. Die Naturschützer kämpfen außerdem regelmäßig gegen Indisches Springkraut und Topinambur, Arten, die die heimischen Pflanzen zu verdrängen drohen, da sie sehr schnellwüchsig sind.

Es gibt keinen Weg, der durch das gesamte Gelände führt, und es ist verboten, die Wiesen abseits der Wege zu betreten. Man kann aber an einigen Stellen ins Feuchtgebiet gelangen. Von Urbach auf der Wasenstraße kommend geht es hinter der Firma Fried rechts ab. Nach dem Stuibersee folgt man weiter der Rems. Oder man bleibt noch einige Meter auf der Wasenstraße und biegt erst nach der Remsbrücke rechts ab und folgt ihr am anderen Ufer. So erreicht man den Morgensandsee – ein Rastplatz vieler Zugvögel. Es versteht sich von selbst, dass Lärm jeder Art und andere Störungen der Tiere zu vermeiden sind.

Lärm machen dürfen nur sie selbst – und das tun sie, besonders die Gelbbauchunken ab Temperaturen über 12 °C, und zwar bis zu 40 Mal pro Minute! Lautstark sind auch die eher schnarrend klingenden Wasserfrösche, die zwischen Ende März und Anfang April aus ihrer Winterruhe erwachen. Besonders viel quaken sie in der Balzzeit zwischen Mai und Juni. Charakteristisch bei den Männchen sind seitliche Schallblasen unter den Mundwinkeln, die sie als Verstärker verwenden, wenn sie quaken. Unken und Wasserfrösche sind nicht die einzigen Amphibien des Naturschutzgebietes, sie teilen es mit Feuersalamandern, Gelbbauchunken, Teich- und Bergmolchen.

LAGE: Naturschutzgebiet Morgensand und Seelachen, Urbach

HALTESTELLE: Urbach Benzstraße (Busse 243 ab Schorndorf Plüderhausen und 249 ab Bahnhof Urbach Richtung Schorndorf und umgekehrt)

WÄSCHENBEUREN

SCHLÖSSLE UMRUNDEN

Wäscherburg

Der mit einem stilisierten Schloss markierte acht Kilometer lange Rundweg beginnt an der Burg. Er führt vorbei an der Beutenmühle und dem Beutenhof zum Schnellhöfle, einem Weiler mit Fachwerkhäusern. Es geht weiter nach Oberkirneck und vorbei am Golfclub Hetzenhof. Durch die kleine Ortschaft Lindenbronn und den idyllischen Wäscherhof geht es zuerst zum einst zur Burg gehörigen Schilfteich und zur dort liegenden Kapelle, dann zum Ausgangspunkt zurück.

Die Wäscherburg (von den Einheimischen Wäscherschlössle genannt) war, auch wenn der Name das vermuten lässt, keine feudale Waschküche. Der seltsame Name hat andere Wurzeln: 1271 wird die Wäscherburg, die wohl als Sitz für einen Dienstmann der Staufer errichtet wurde, erstmals in einer Urkunde erwähnt. Mit ihr wird ein Streit zwischen dem Kloster Lorch und einem Adeligen schriftlich beigelegt, der den Namen »Konrad der Wascher« trug. Dieser Ritter hatte Gebiete im Welzheimer Wald am Waschbach besessen und diese offensichtlich gegen das Schlösschen über dem Beutental eingetauscht.

Etwa 100 Jahre später nannte sich ein Herr aus dem Adelsgeschlecht der Rechberger in einer Urkunde »Konrad zu Weschenburg«, womit der heutige Name zum ersten Mal erschien.

Zum ältesten, original erhaltenen Teil der Wäscherburg zählt die trapezförmige Umfassung, die im 13. Jahrhundert gemauert wurde. Die trutzige Mauer ist zwei Meter dick und fast zehn Meter hoch. Sie umschließt Burg und Burghof und lässt das Anwesen wie einen steinernen Klotz wirken. Die Schildmauer des Wäscherschlössles ragt ohne jede Öffnung bis zum obersten Geschoss des Wohngebäudes empor.

Das Baumaterial sind Buckelquader. Sie sind an ihrer nach außen ragenden Seite meist nur grob behauen und wölben sich wie Kissen nach außen. Die für die Stauferzeit typischen Quader sind seitlich von einem drei bis sechs Zentimeter breiten Saumschlag eingefasst.

LAGE: Burg Wäscherschloss, 73116 Wäschenbeuren

ÖFFNUNGSZEITEN: von Mai bis Oktober donnerstags bis sonntags und an Feiertagen von 11.00–17.00 Uhr

HALTESTELLE: Wäscherhofstraße Wäschenbeuren (Bus 12 von Göppingen ZOB Richtung Lenglingen)

WAIBLINGEN

AUF MAUERN STEHEN

Altstadtrundgang

In der Touristeninformation in Waiblingen sind Pläne für einen Altstadtrundgang erhältlich, die an allen wichtigen Sehenswürdigkeiten in der Kernstadt vorbeiführen.

Waiblingen bekam 1250 Uhr die Stadtrechte verliehen. Aus dieser Zeit dürfte auch die innere Stadtmauer stammen, im 15. Jahrhundert entstanden dann die außerhalb der Stadtmauer gelegene Michaelskirche und der äußere Ring der Stadtmauer. Erhalten haben sich 750 von einst 1000 Metern Stadtmauer und ihre Türme, die die Zugänge von Osten, Süden und Westen her sicherten. Die Stadtmauer ist durchschnittlich sechs Meter hoch, am Beinsteiner Tor jedoch acht und zwischen der Hadergasse und der Langen Straße sogar zwölf Meter. Bis zur Höhe des Wehrganges ist sie 1,6 Meter mächtig. Die ganzen Schutzbemühungen konnten nicht verhindern, dass die Stadt im Dreißigjährigen Krieg niederbrannte. Das Remstal wurde nach der Niederlage in der Schlacht bei Nördlingen zwischen den Katholiken und Protestanten von den katholischen Söldnern ausgeraubt und gebrandschatzt. Von 2300 ehemaligen Bewohnern der Stadt waren nach dem Krieg noch 100 am Leben. Den Rest hatte nicht nur der Brand, sondern auch Seuchen und Hunger das Leben gekostet. Waiblingen erholte sich jedoch wieder. 1654 hatte die Stadt schon wieder 579 Bewohner, heute sind es etwa 55000. Daran hatten auch Eingemeindungen in den 1970er-Jahren ihren Anteil, besonders aber die Wirtschaftsstärke.

Die Stadtbefestigung blieb bis 1774 intakt, zu dieser Zeit wurde der Stadtgraben aufgefüllt. Die Stadt konnte sich nicht mehr mit Gräben und Mauern vor Kriegen schützen, wohl aber wurden nachts weiterhin die Tore geschlossen, um etwa Diebe draußen zu halten. 1826 brach man dann auch die Häuschen der drei Torwächter und das am Hochwachturm ab. Man benötigte ihre Dienste nicht mehr. Inzwischen wacht die Denkmalpflege darüber, dass keine Mauern mehr abgetragen werden. Und gerade auf und an den Mauern hat die Stadt ein besonderes Flair aus altem, ehrwürdigem Stein und neuen, grellen Graffitis.

Und wenn man schon mal dort ist:

Waiblingen ist nicht hochalpin, doch im Stadtteil Bittenfeld gibt es die Hof-Käserei, in der nach Schweizer Tradition Hartkäse und andere Käsesorten aus Demetermilch hergestellt werden – und ein Käselädchen, das sie vertreibt.

LAGE: Touristeninformation, Scheuerngasse 4, 71332 Waiblingen

ÖFFNUNGSZEITEN: Tourist-Information: montags bis freitags 9.00–18.00 Uhr, samstags 9.00–14.00 Uhr

HALTESTELLE: Rathaus (Bus 208 vom Bahnhof Waiblingen Richtung Galgenberg)

LAGE: Haus der Stadtgeschichte, Weingärtner Vorstadt 20, 71332 Waiblingen

ÖFFNUNGSZEITEN: dienstags bis sonntags 11.00–18.00 Uhr

HALTESTELLE: Waiblingen Stadtmitte (Busse 201, 204, 206, 207 und 209 ab Waiblingen Bahnhof)

WAIBLINGEN

GESCHICHTE SCHMECKEN

Haus der Stadtgeschichte

Dem Gang der Zeit zusehen kann man im Haus der Stadtgeschichte auf verschiedenste Weise, etwa in der Abteilung »Stundengebet und Minutentakt«, in der sehr anschaulich gezeigt wird, wie sich das Verhältnis der Waiblinger und anderer Erdenbürger zur Zeit verändert hat: vom Haussegen »Die Gnade des Herrn währet von Ewigkeit zu Ewigkeit« über das Uhrwerk der Michaelskirche bis hin zur Stechuhr und einer Wollhaspel mit Zählwerk, die zeigt, wie aus Zeit Geld wurde.

Der Aufbau des Waiblinger Museums ist durchdacht und ungewöhnlich: Im ersten Raum steht ein Modell der Stadt. In einer Multimediashow erzählt die Rems in einer märchenhaften Sprache und in Projektionen, was sie bei ihrem Weg an Waiblingen vorbei schon alles gesehen hat – von den Römern über die Bombennächte des Zweiten Weltkriegs, der Arbeitsmigration ins wirtschaftlich blühende Nachkriegswaiblingen bis heute. Dann aber verlässt die Ausstellung die zeitliche Ordnung, und man taucht in Themen ein, die jeweils zeitübergreifend bearbeitet werden. Ein Raum etwa behandelt das Thema »Herrschen und Verwalten«, in welchem unter anderem die Grausamkeit früherer Strafmethoden durch eine Halsgeige und verschiedene Fesseln deutlich wird. Anhand eines Schwurstabes wird erklärt, dass alle Einwohner persönlich einmal im Jahr dem Rat und dem Landesherren Gehorsam zu schwören hatten.

Andere Räume tragen Überschriften wie »Erholen und Ertüchtigen« oder »Formen und Brennen«. Natürlich wird Industriegeschichte gezeigt, zum Beispiel eine Zweimann-Benzinkettensäge der in Waiblingen ansässigen Marke Stihl und Fliegenfänger der Firma Kaiser, an deren Bonbons mit den drei Tannen sich jede Besucherin und jeder Besucher bedienen kann. So schmeckt Stadtgeschichte. Zu den Fagott-Instrumenten der Firma Moosmann gibt es auch Geschmacksproben – allerdings zum Hören.

Die Geschichte der Stadt wird in ihren Höhen und Tiefen präsentiert. Waiblinger Inflationsgeld aus der Wirtschaftskrise 1923 und Feldpostbriefe, verfasst in den ungeübten Buchstaben eines Grundschülers an seinen Papa, zeugen von weniger glücklichen Tagen dieser Stadt.

Und wenn man schon mal dort ist:
Genau gegenüber liegt die Galerie Stihl mit hervorragend kuratierten Sonderausstellungen.

WALDSTETTEN

KNOCHENARBEIT SEHEN

Heimatmuseum

Was im Haus Weltenbauer gezeigt wird, ist außergewöhnlich – und außergewöhnlich prunkvoll. Dadurch hat das Museum auch schon einige Ehrungen eingeheimst, denn es präsentiert ländliche Erwerbsquellen, die weit entfernt liegen von säen, mähen, dreschen, nämlich die Beinschnitzerei und die Perlenstrickerei.

Beinschnitzer war ein Lehrberuf, bei dem man die Fingerfertigkeit erlernte, aus Knochen Miniaturkunstwerke herzustellen. Und beim Betrachten der Ausstellungstücke in den Vitrinen kann sich jeder leicht vorstellen, dass dazu jahrelange Übung nötig war. Heute wird die Technik zwar noch vorgeführt, aber es gibt niemanden mehr, der die Kunst noch so beherrschen würde, dass er Schlitten, Puppenhausbettchen, Minipaläste und Kirchlein herstellen könnte wie die einstigen gelernten Handwerker.

Die nötigen Knochen wurden säckeweise aus Südamerika importiert, da die dortigen Kühe das gesamte Jahr auf der Weide verbrachten und stabiler und einheitlicher in der Struktur waren. Die Drechsel- und Sägemaschinen waren in der Regel Eigenanfertigungen, ebenso das gesamte Werkzeug. Hergestellt wurden meist Souvenirs, nach Ende des Zweiten Weltkriegs besonders für US-amerikanische Soldaten, die diese Kunst besonders schätzten.

Reich war Waldstetten nie – und nach dem »Jahr ohne Sommer« 1816 gehörte es zu den bedürftigsten Gemeinden des Königreichs. Königin Katharina nahm Waldstetten daher in ein Heimindustrieprojekt auf. Die Familien erhielten die Möglichkeit, sich mit dem Stricken von Perlentäschchen etwas dazuzuverdienen. Die Anlieferung der Perlen, der Seide zum Auffädeln und der Fassbriefe, also der Bilder, auf denen dargestellt wurde, in welcher Reihenfolge man die winzigen Perlchen auffädeln muss, die Abnahme und der Weiterverkauf waren organisiert.

Die letzte Perlenstrickerin Waldstettens wurde 1906 geboren. Sie verstarb Anfang der Neunziger Jahre.

LAGE: Heimatmuseum Waldstetten, Hauptstraße 56, 73550 Waldstetten

ÖFFNUNGSZEITEN: 1. und 3. Sonntag im Monat von 14.00–17.00 Uhr

HALTESTELLE: Rathaus/Kreissparkasse Waldstetten (Bus 21 ab Schwäbisch Gmünd ZOB Richtung Waldstetten und Weilerstoffel)

WEINSTADT-BEUTELSBACH

ÜBER WEIN LESEN

Weinbaulehrpfad

So unspektakulär die Reste der Burg Beutelsbach, auch Kappelberg genannt, sind, so ist dies doch der Stammsitz und die Wiege Württembergs. Um 1080 nannten sich die Württemberger noch Beutelsbacher. Erst nach einem Umzug auf den Wirtemberg bei Untertürkheim passten sie den Namen dem neuen Wohnsitz an. Die Ruine der alten Burg wurde vergessen. Bei einer Rebflurbereinigung 1968 wurden die durch Erbteilung zerstückelten, unwirtschaftlich geformten, kleinen, schlecht erschlossenen und damit unrentablen Rebflächen neu geordnet. Es wurden Grundstücke zusammengelegt und das Gelände stark umgeformt. Dabei hat man die Ruine wiederentdeckt und freigelegt.

Der Weinbaulehrpfad beginnt an der Ruine. Er stellt die wichtigsten im Remstal angebauten Rebsorten vor, neben Trollinger, Lemberger, Müller-Thurgau und Kerner auch Schwarzriesling und Gewürztraminer. Man erfährt, wann und aus welchen Sorten die Rebe gezüchtet wurde, seit wann sie im Remstal angebaut wird. Der Geschmack wird beschrieben, und es werden Hinweise gegeben, zu welchen Speisen der Wein gerne getrunken wird. Tafeln erklären dem geneigten Wanderer und Weintrinker ebenso, welche Nützlinge dem Wengerter beim Weinbau helfen, welche Pilzkrankheiten er fürchtet und welche Aufgabe die Wengertshäusle haben. Die Tafeln leiten zu den Drei Riesen, einem nach drei mächtigen Findlingen benannten Aussichtspunkt, vorbei an einem Summstein, an dem man ausprobieren kann, wie sich die eigene Stimme verstärkt, wenn man seinen Kopf in eine Aushöhlung steckt und zu summen beginnt. Der Weg geht dann links abbiegend an weiteren Tafeln vorbei wieder zurück zur Ruine. Immer wieder hat man vom Weg hervorragende Aussichten ins Tal.

Schon im ersten Drittel des Rundwegs kommt man an einem Gleitschirmstartplatz vorbei, von dem aus Flüge ohne Seilwindenstart möglich sind. Es darf nur nach vorangegangener Einweisung durch Peter Bauer oder einen der Haltergemeinschaft zugehörigen Flieger gestartet werden. Dann darf man die Thermik nutzen und geräuschfrei ins Tal hinabsegeln.

LAGE: Ruine Kappelberg, Schönbühlstraße 51, 71384 Weinstadt-Beutelsbach

HALTESTELLE: Beutelsbach Bahnhof (S2 von Stuttgart HBF)

WEINSTADT-BEUTELSBACH

ROMANTISCH SEIN

Versteck-Menü auf Bestellung

Für Menschen, die einen abgeschiedenen Ort suchen, um dem Mann oder der Frau des Herzens die Liebe zu gestehen, um dem Partner mitzuteilen, dass man ein Kind von ihm erwartet, oder um dem Gatten zur Silberhochzeit Danke zu sagen, gibt es in den Weinbergen bei Beutelsbach ein passendes Angebot.

Punkt 19.00 Uhr fährt man an einem Restaurant in der Ortsmitte vorbei. Dort wartet der Vermieter und fährt voraus ins Grüne, bis er durch ein Blinkerzeichen zeigt, dass die Gäste am Ziel angekommen sind. Der Vermieter wird nicht aussteigen und sich ohne ein Wort verkrümeln.

In einem gepflegten Gärtchen zwischen den Weinbergen mit hervorragendem Blick in den Sonnenuntergang liegt das gebuchte Weinberghäuschen. Es ist bei der Ankunft durch Kerzen erleuchtet. Auf dem Tisch steht ein angerichtetes, frisches und noch heißes Menü bereit: Salat, geräucherter Lachs mit Meerrettichsahne, rosa gebratene Roastbeefscheiben mit Steinofenbaguette, eine kleine französische Käseauswahl und ein Überraschungsdessert. Als Getränk gibt es Mineralwasser und eine Flasche Wein. Eine Bedienung wird nicht erscheinen. Man bleibt ungestört dort, so lange man möchte, und kann die Zeit genießen.

Für den Rückweg stehen Fackeln zur Verfügung, in deren Schein die Gäste den Weg ins Tal finden können, falls sie vorhaben, im Hotel zu übernachten.

Und wenn man schon mal dort ist:
Im Stadtteil Weinstadt-Schnait liegt das Geburtshaus von Friedrich Silcher, einem Schulmeistersohn, der im Alter von 28 Jahren zum Musikdirektor der Uni Tübingen berufen wurde. Im darin eingerichteten Museum erfährt man, dass der Volksliedddichter, der das später von Elvis Presley weltweit verbreitete »Muss I denn«, das Weihnachtslied »Alle Jahre wieder«, »Der Mai ist gekommen«, »Am Brunnen vor dem Tore« und »Loreley« komponiert hat, alles andere war als ein biederer, heimattümelnder Konservativer. Dass sich in seinem Chor Männer aus allen Ständen trafen, dass man miteinander singen konnte, egal welchen Bildungsgrad man vorweisen konnte, war revolutionär und der Obrigkeit zur Zeit des Biedermeier ein Dorn im Auge.

ANBIETER: Vivian Bock, Marktstraße 41, 71384 Weinstadt-Beutelsbach

LAGE: Mödinger Weingut & Koppa-Besa, Waldstraße 27, 71384 Weinstadt (Das Wengerthäusle hat keine Adresse)

BESENZEITEN: www.moedinger-weingut.de/index.php/besenwirtschaft

HALTESTELLE: zum Skulpturenpfad: Strümpfelbach Traube (Bus 202 vom Bahnhof Endersbach Richtung Strümpfelbach Rathaus)

WEINSTADT-STRÜMPFELBACH

BESEN BESUCHEN

Skulpturenpfad Nuss und Koppa-Besa

Ausgangspunkt des rund 2,8 Kilometer langen Skulpturenpfades ist die Bronzeskulptur »Lautenspieler« bei der Strümpfelbacher Gemeindehalle im Kirschblütenweg.

43 Skulpturen aus Bronze und Stein – Werke aus drei Generationen der Künstlerfamilie Nuss – säumen den Skulpturenpfad, der zuerst durch den Ort und vorbei am Wohnhaus von Karl Ulrich Nuss verläuft und dann durch die Strümpfelbacher Weinberge führt. Zu sehen sind Bronzearbeiten von Professor Fritz Nuss (1907–1999), seinem Sohn, Professor Karl Ulrich Nuss (geb. 1943), sowie Steinskulpturen zweier Enkel von Fritz Nuss, Christoph Traub (geb. 1964) und Felix Engelhardt (geb. 1970).

Die gegenständlichen Werke machen auch solchen Spaziergängern Freude, die vor Museums- und Galerietüren Schwellenangst bekommen. Ein sehr großer Teil lädt auf humorvolle Weise ein, sich über menschliche Charaktereigenschaften oder zwischenmenschliche Verhaltensweisen Gedanken zu machen. Viele Werke beziehen die sie umgebende Landschaft mit ein, so steht weit oben eine Figur (Karl Ulrich Nuss, 2001) in den Weinbergen, die man schon von unten einen Handstand machen sieht. Von Weitem sieht man den Späher (Karl Ulrich Nuss, 1999) und wird von ihm offensichtlich erspäht. Auch Tiere sind auf dem Pfad unterwegs. Ein Schweinehirt und sein Tier stehen vor dem Saustalltheater, eine Gans wird durch die ehemaligen Weinberge getragen, eine Ziege und ein Schaf sind allein unterwegs.

Bei der Skulptur Daphne steht ein Wengerthäusle. Es handelt sich um eine Besenwirtschaft, die nur zu bestimmten Zeiten des Jahres geöffnet ist und in dem Wengerter ihren eigenen Wein ausschenken und dazu einfache Gerichte anbieten. Der Besen gehört zum Weingut Mödinger, einem kleinen Familienweingut. Bewirtschaftet werden drei Hektar Rebfläche der traditionellen Württemberger Weinsorten. Im Winter kann man nach einem Gläschen Riesling Sekt »Romy« trocken aus traditioneller Flaschengärung, einem Muskat-Trollinger Rosé oder einem trockenen Lemberger seinen Rundweg auf dem Skulpturenpfad beschwingt fortsetzen.

Und wenn man schon mal dort ist:

Ein weiterer Besen hängt Anfang März am Weingut Wilhelm. Die dortige Stube öffnet montags bis samstags ab 16 Uhr, sonntags ab 11 Uhr.

WEINSTADT-STRÜMPFELBACH

PAARE BEOBACHTEN

Skulpturenallee »Paare«

Erinnern Sie sich an die 2-DM-Münze? Dann kennen Sie auch ein Werk von Professor Karl Ulrich Nuss. Es gab die zwei Mark vor Einführung des Euro mit dem Konterfei verschiedener ehemaliger Bundespräsidenten und Kanzler. Den Entwurf zu Theodor Heuss hat Nuss eingebracht. Die Münze wurde 1970 bis 1987 geprägt.

Seit 1970 wohnt und arbeitet ihr Designer als freischaffender Bildhauer im Weinstädter Stadtteil Strümpfelbach. 1972 erhielt er einen Lehrauftrag für »Plastisches Gestalten« an der Fachhochschule für Gestaltung Schwäbisch Gmünd, den er bis 1979 innehatte.

Karl Ulrich Nuss ist im öffentlichen Raum auch außerhalb Schwabens vertreten. Vielleicht ist der Rattenfängerbrunnen in Hameln sogar seine bekannteste Arbeit, dennoch sind im Remstal besonders viele seiner Statuen zu sehen. Allein zehn bronzene Paare grüßen seit Sommer 2008 die Ausflügler am Waldrand oberhalb von Strümpfelbach. Manche spielen Fangen, manche diskutieren, andere tragen sich huckepack oder scheinen sich zu verabschieden. Die 200 Meter lange Skulpturenallee »Paare« ist im Strümpfelbacher Gewann Breitgarten zu finden.

Die Skulpturenallee beginnt direkt am Naturfreundehaus. Am Wochenende lädt das Haus zur Einkehr ein, in den Sommermonaten auch mit Biergarten. Das Naturfreundehaus wurde 1932 als Blockhaus des Arbeiter-Sport- und Gesangvereins »Vorwärts« in Strümpfelbach errichtet und mehrmals umgebaut.

Und wenn man schon mal dort ist:

Am Naturfreundehaus beginnt eine 8 km lange Wanderung auf dem Kulturlandschaftspfad Stümpfelbach. Im Wald geht es hinunter zum Strümpfelbach, dann vorbei an den schönen Fachwerkhäusern in der Ortsmitte und zurück über die Lindhalde, auf deren Kuppe einst mittelsteinzeitliche Jäger und Sammler einen Rastplatz hatten. Man gelangt zu einem geologischen Aufschluss des Kieselsandsteins und kommt vorbei am Hau-Brünnele, dem Säuplatz-Brünnele und dem Hüttenbach-Brünnele.

LAGE: Naturfreundehaus, Im Breitgarten 1, 71384 Weinstadt

ÖFFNUNGSZEITEN: freitags 14.00–22.00 Uhr, samstags 14.00–21.00 Uhr, sonntags 11.00–21.00 Uhr

HALTESTELLE: Schanbach, Lobenroter Hof (Linie 114 ab Esslingen ZOB Richtung Schanbach Lobenrot Ort)

Die Vorratskammer

WEINSTADT-STÜMPFLEBACH

SCHNITZEL PANIEREN

Speisen in der Vorratskammer

Die Vorratskammer in Strümpfelbach bietet Kochkurse zu österreichischen Spezialitäten an. Robert Kudin, der mit Julia Krehr die Vorratskammer betreibt, wurde in Wien geboren und absolvierte die dreijährige Gastgewerbefachschule. Die letzten 15 Jahre, ehe er 2014 ins Ländle zog, hatte er die Position als Küchenchef in gehobenen Restaurants in Wien inne. Er weiß, wie man perfekte Wiener Schnitzel brät, und bringt es Interessierten bei.

Man kann sich auch durch fertig gekochte Speisen verwöhnen lassen, es gibt täglich variierende Gerichte. Die aktuellen Tagesmenüs stehen auf den Scheiben geschrieben. Der Mittagstisch kostet inklusive einem alkoholfreien Getränk, Hauswein oder Bier 9,80 €. Die Gerichte sind lecker und appetitlich angerichtet und verbinden Tradition mit Innovation. So kann man mal Wiener Tafelspitz mit Kren und Erdäpfel-Kürbisragout bekommen, mal Pasta in Safrancreme mit Miesmuscheln und Flusskrebsen oder Steak vom Jungschweinrücken mit Ratatouille und knusprigen Erdäpfeln.

Sehenswert ist die Architektur des Hauses, bei der manche an eine Sauna, andere an ein Ufo und wieder andere an ein Fass denken. Eigentlich hatte der letzte Besitzer das Gebäude aus Holz nur als Provisorium errichten lassen wollen, doch der geometrische Raum mit unsymmetrischen Rundungen wäre viel zu schade zum Abriss gewesen. Das Holzbauwerk überzeugte die Jury für »Beispielhaftes Bauen im Rems-Murr-Kreis« 2011 durch »äußere Gestaltung, Maß und Proportion des Baukörpers, innere Raumbildung, Zuordnung der Räume und Zweckmäßigkeit, Angemessenheit der Mittel und Materialien, konstruktive Ehrlichkeit, Einfügung und Umgang mit der Umwelt« und brachte den Architekten eine Auszeichnung.

Die Architektengruppe W67 hat in Weinstadt schon mehrere Pläne umgesetzt: Das Haus Kämpfert und das Modehaus Dannenmann stammen auch von ihrem Reißbrett.

LAGE: Die Vorratskammer, Hauptstraße 110, 71384 Weinstadt-Strümpfelbach

ÖFFNUNGSZEITEN: mittwochs bis freitags 11.00–21.30, samstags 15.00–21.30 Uhr (Kochkurse von 11.00–14.00 Uhr), sonn- und feiertags 11.00–20.00 Uhr. Durchgehend warme Küche.

HALTESTELLE: Strümpfelbach Hundsäcker (Bus 202 vom Bahnhof Endersbach Richtung Strümpfelbach Rathaus)

WEISSACH IM TAL-UNTERWEISSACH

VOLKSKUNST VERSTEHEN

Sankt-Agatha-Kirche

Während katholische Kirchen oft üppig ausgemalt sind, hatte bildende Kunst in evangelischen Kirchen kaum einen Raum. Zwar hielt man sich nach der Reformation, in der viele Kirchen von Gemälden »gesäubert« worden waren, bald nicht mehr so streng an das Bilderverbot, aber Kunst war kein Wert an sich.

In vielen evangelischen Kirchen wurden im 17. und 18. Jahrhundert Bilder an die Brüstung der Emporen angebracht. Der Platz war da, ihn zu bemalen war keine Verschwendung – und so lange die Bilder nicht zu viel kosteten, sprach nichts gegen sie. Die Maler der Emporentafeln sind in der Regel unbekannt; es waren keine ausgebildeten Künstler, sondern eher vielleicht der örtliche Schreiner, der die Empore gebaut hatte. Auch in Weissach ist das so.

Die Sankt-Agatha-Kirche fällt von Weitem wegen ihres schiefen Turms auf. Auch die Gemälde sind auf ihre Weise schief und gehören unzweifelhaft in den Bereich der Volkskunst. Der Maler hatte nur wenige Farben zur Verfügung. Er bekam vermutlich vom Pfarrer – von 1716 bis 1738 war das Magister Joseph Schelling – die Motive vorgegeben und mühte sich redlich, sie erkennbar aufzupinseln. Der Pfarrer scheint eine von Jacob von Sandrart reich illustrierte Bibelausgabe des Nürnberger Buchdruckers Johann Andreas Endter besessen zu haben, denn die vereinfachten Motive lassen sich auf die dort gedruckten Bilder zurückführen.

Gezeigt werden biblische Motive: Adam und Eva im Paradies, die von einer wohlbeleibten Schlange, die beinahe den Durchmesser des Stammes hat, angesprochen werden; Jakob und die Himmelsleiter sowie ein Motiv, das in den Weingegenden Schwabens sehr beliebt war: Die von Moses ausgesandten Kundschafter werden in das Land geschickt, »in dem Milch und Honig fließt«, und kommen mit einer riesigen Weintraube zurück, die nur von zwei Menschen getragen werden kann. Für die nicht gerade betuchten Weissacher war das sicher ein Symbol des Schlaraffenlandes.

LAGE: Ev. Pfarrkirche St. Agatha, Kirchberg 10, 71554 Weissach im Tal-Unterweissach

ÖFFNUNGSZEITEN: samstags und sonntags 10.00–18.00 Uhr

HALTESTELLE: Unterweissach Rathaus (Bus 365 von Backnang Richtung Oberbrüden)

LIMESWANDERWEG

HALTESTELLE: Anfahrt: Welzheim Busbahnhof (Buslinien 263 aus Schorndorf Richtung Althütte und 266 aus Schwäbisch Gmünd); Haltestelle Heimfahrt: Bahnhof Schwäbisch Gmünd

WELZHEIM

GRENZ-GÄNGER SEIN

Welzheim – Lorch – Schwäbisch Gmünd

In Welzheim, in dem man gleich die Reste zweier Kastelle bestaunen kann, beginnt die 26. Etappe des Limesweges, die 24 Kilometer lang ist. Sie ist markiert mit einem schwarzen Limesturm auf weißem Grund und einem darunterliegenden roten Strich. Insgesamt hat der Fernwanderweg eine Länge von 734,7 Kilometern, von Rheinbrohl in Rheinland-Pfalz bis Bad Gögging in Bayern.

Das Wort Limes bedeutet Grenzwall oder Schutzwall. Der Limes entstand vor etwa 2000 Jahren, als das Römische Reich die heutige Schweiz und einen Teil des heutigen Deutschlands erobert hatte. Der Limes bildete die römische Grenze, wobei man heute weiß, dass es sich um keine undurchlässige Grenze gehandelt hat, sondern dass am Limes ein reger Austausch von Waren stattgefunden hat.

Zum Limes gehörten ein Palisadenzaun, teilweise ein Graben oder eine Mauer, dahinter standen Wachtürme. Die Türme waren in Sichtweite voneinander errichtet, so konnten die Soldaten bei Gefahr einen Alarm schnell weitergeben. Der Obergermanisch-Raetische Limes wurde im Jahr 2005 vom Welterbekommitee UNESCO, der Organisation der Vereinten Nationen für Bildung, Wissenschaft und Kultur, in die Liste des Weltkulturerbes aufgenommen.

Die in Welzheim beginnende Tagesetappe ist eine der abwechslungsreichsten. Sie führt entlang der Lein, dann durch den Wald und weiter zwischen den Golfanlagen am Haghof hindurch zum Petershaldenhof, macht dort einen Haken nach Süden Richtung Pfahlbronn. Ab Pfahlbronn geht der Weg nach Süden in den Ort Brech und dann im Wald an Resten von Wachtürmen vorbei hinab bis ins Götzenbachtal.

Der Limes und damit der Wanderweg ändern am rekonstruierten Wachtturm beim Kloster Lorch zum letzten Mal ihre Hauptrichtung und führen ab jetzt in Richtung Osten, mit dem Fernziel Donau. Es geht durch den Wald hinab ins Schweizerbachtal diesem folgt der Weg bis zum Haselbachtal, und wieder aufwärts nach Hangendeinbach.

Beim Abstieg in das Rotenbachtal kommt man zu einer kleinen Mauer. Hier war die Grenze zwischen den Provinzen Germania und Rhaetia. Vom Rotenbachtal geht der Wanderweg bergauf nach Wustenriet und wieder hinab zum Etappenziel Schwäbisch Gmünd.

WELZHEIM

BAUMRIESEN BESTAUNEN

Stadtpark

Sie hat einen Stammumfang von mehr als 2,5 Metern, ist 27 Meter hoch und steht in Welzheim im Stadtpark: die höchste Serbische Fichte Deutschlands. Der wissenschaftlich Picea omorika genannte Baum kam zu seinem Namen, weil er von einem serbischen Arzt und Botaniker, Josif Pančić, zuerst beschrieben wurde. Die Nadelbaumart hat zwar einen exjugoslawischen »Migrationshintergrund«, kommt aber genau genommen aus einem winzigen Gebiet nördlich der Drina in Bosnien. Die Nadeln der Fichte sind dunkelgrün und auf der Unterseite mit zwei auffälligen hellen Wachsstreifen versehen. Die Fichten setzen violett-braune, bis zu sechs Zentimeter große Zapfen an. Der Baum in Welzheim ragt kerzengerade in den Himmel. Die dicht benadelten Äste reichen bis fast auf den Boden.

Der Stadtpark Welzheim ist ein etwa zwei Hektar großer Park mit altem Baumbestand, Blumenbeeten, Sitzbänken, großem Römer-Erlebnis-Spielplatz und einer Haltestelle der Schwäbischen Waldbahn.

Wer weitere Baumriesen sehen möchte, der kann die Wellingtonien bestaunen, die im an den Park angrenzenden Wald gepflanzt wurden. Sie stammen aus der Mammutbaum-Saat, deren amerikanisch-stämmige Sprösslinge König Wilhelm I. in ganz Württemberg verteilen ließ und die auch an anderen Stellen im Land die Wanderer faszinieren. Mitte des 19. Jahrhunderts war die Entdeckung der riesigen Wellingtonien in Nordamerika eine Sensation, auch für König Wilhelm I. Er ließ sich Samen direkt aus Kalifornien liefern und Tausende Jungpflanzen im Kalthaus der heutigen Wilhelma in Stuttgart aufziehen.

Weil der Dichter Justinus Kerner Unteramtsarzt in Welzheim war, wurde ihm zu Ehren im Stadtpark ein Poetenpfad angelegt. Die Gedichte sind auch für blinde Menschen zu lesen. Sie sind in Schwarz- und Brailleschrift auf Torbögen angebracht

Und wenn man schon mal dort ist:

Die Schwäbische Waldbahn verkehrt an 22 Tagen im Jahr als Dampfzug und an weiteren 14 Tagen als Zug mit Diesellok zwischen Welzheim und Schorndorf. Die Strecke wurde 1911 eingeweiht, in den Achtzigern aus Rentabilitätsgründen stillgelegt und wird inzwischen wieder als Touristenbahn betrieben, die mit viel Dampf über die Viadukte rauscht. Zum Glück sind Serbische Fichten gegen Feinstaub unempfindlich.

LAGE: Stadtpark Welzheim, Schorndorfer Str. 96, 73642 Welzheim

HALTESTELLE: Welzheim Bethel (Linie 263 ab Schorndorf oder Welzheim Bahnhof)

WELZHEIM-LAUFENMÜHLE

IN OBSTKERNEN BADEN

Eins+Alles

Vor etwa zehn Jahren ist weltweit das Übereinkommen über die Rechte von Menschen mit Beeinträchtigungen in Kraft getreten, das die volle und wirksame Teilhabe an der Gesellschaft und Einbeziehung in die Gesellschaft als Ziel vorgibt. Es sollte auch keine Heime am Ende der Welt ohne Kontakt zur Außenwelt geben. Für die anthroposophisch orientierte Christopherus Lebens- und Arbeitsgemeinschaft e. V. war das erst ein Dilemma, das dann zur Chance wurde. Soll man ein Heim mitten im Wald auflösen, die dort lebenden Menschen aus ihrer gewohnten Umgebung reißen? Die Leitung entschied sich, Inversintegration zu betreiben und die Menschen ohne Beeinträchtigung einzuladen. Das ist gelungen. Pro Jahr werden etwa 85.000 Menschen von den Attraktionen angelockt, die die Laufenmühle bietet. Den Service übernehmen zu einem großen Teil Menschen mit Behinderung. Sie arbeiten in der Kaffeerösterei, kümmern sich um die Tiere der Tieroase, bedienen im Café und auf der Sonnenterrasse el Molino.

Das »Erfahrungsfeld der Sinne« bietet Erwachsenen und Kindern drinnen und draußen begeisternde Vergnügungen: In der roten Achse können die Großen die Welt noch einmal wie die Kleinen erleben und sich zwischen riesigen Möbeln bewegen. Die Besucher tasten sich durch einen absolut dunklen Gang. Erwachsene und Kinder tauchen ein in Badewannen gefüllt mit Korken, Kirsch- und Zwetschgenkernen. Es geht darum, seinen Körper und dessen Empfindungen zu erleben.

Der 4,5 Kilometer lange Wunderweg mit zahlreichen Sinnesstationen, Skulpturen und Land-Art-Installationen ist im Gegensatz zum Zugang zum Restaurant nicht barrierefrei. Und auch im »Wald der Balance« sind Gleichgewichtssinn und Trittsicherheit gefragt. Integration kann nicht immer vollständig gelingen.

Miteinander – das gilt in der Laufenmühle nicht nur für das Miteinander zwischen Menschen mit und ohne Behinderung, sondern auch bei angebotenen Teambuildingseminaren, Erlebnistagen und Wildniscamps.

LAGE: Eins+Alles, Laufenmühle 8, 73642 Welzheim

ÖFFNUNGSZEITEN: Die Öffnungszeiten variieren je nach Jahreszeit. Sie sind unter www.eins-und-alles.de zu finden.

HALTESTELLE: Welzheim Laufenmühle (Bus 228 von Schorndorf nach Welzheim)

WESTERHEIM

TROPFSTEINE HÖREN

Schertelshöhle

Die Schertelshöhle hatte ursprünglich nur einen ziemlich unbequemen Eingang über einer Doline, das sogenannte Kuhloch. Die Doline hatte ihren Namen daher, dass die Bauern verendetes Vieh durch das Loch ins Innere der Höhle warfen. Die Höhle war jedoch nicht nur eine Tierkadaverbeseitigungsmöglichkeit, sondern auch ein Räuberversteck, in das sich der Räuber Franz Xaver Hohenleiter, welcher »Schwarzer Vere« genannt wurde, mit seiner Bande zurückzog, wenn ihm Ungemach drohte. Ein wirklich schlimmer Räuber war er nicht. Meist erbeutete die Bande etwas zu essen, etwas Branntwein und Kleidungsstücke. Gefangen genommen wurde der Schwarze Vere am Ende doch. Hohenleiter starb am 20. Juli 1819 in Biberach im Sünderturm, als ein Blitz einschlug und über die Ketten zu ihm weitergeleitet wurde.

Heute muss man nicht mehr durch das Kuhloch, ein künstlicher Stollen trifft dort auf die Höhle, wo sie einen Knick macht. Der linke Gang ist ganz begehbar, beim rechten Gang sind Teile nicht ausgebaut. Die Schertelshöhle ist sehr reich an Tropfsteinen, und – eine Besonderheit – eine kleine Galerie aus Sinterfahnen lässt sich mit einem Nagel zum Klingen bringen.

Die Schertelshöhle ist aus Kalkgestein, das im Laufe der Jahrtausende durch Wasser ausgespült wurde. Das Wasser löste den Kalk aus dem Gestein, die Höhle entstand. Die Tropfsteine entstehen seit Jahrhunderten durch den umgekehrten Vorgang: Jetzt sickert Wasser durch die Höhlendecke. Dabei lagert sich Kalk auf dem Gestein ab, denn bei Kontakt mit Sauerstoff kommt es zu einer chemischen Reaktion: Der im Wasser gelöste Kalk verwandelt sich wieder in schwer löslichen Kalk – er »fällt aus«, sagen die Chemiker. Sobald das Wasser verdunstet, bildet der zurückbleibende Kalk die wie Eiszapfen nach unten ragenden Steine.

Der Rundgang durch die Höhle führt über einige Treppenstufen. Er ist daher nicht für Kinderwagen, Rollstühle und Rollatoren geeignet. Und noch ein Tipp: Packen Sie eine Jacke ein. Eine Führung durch die Höhle dauert etwa 25 Minuten. Dabei beträgt die Temperatur in der Schertelshöhle zwischen 6 °C bis 9 °C. Da kann man ins Frösteln kommen.

Und wenn man schon mal dort ist:

Der Filsursprung ist auf einem schattigen Wanderweg in einer halben Stunde zu erreichen. Die Karstquelle weist eine Schüttung von 160 l/s auf.

LAGE: Schertelshöhle, Im Gwann 1, 72589 Westerheim

ÖFFNUNGSZEITEN: 15. Mai bis 1. Oktober: dienstags bis sonntags von 10.00–18.00 Uhr, letzter Einlass: 17.30 Uhr; 2. Oktober bis 31. Oktober: samstags, sonn- und feiertags von 10.00–18.00 Uhr, letzter Einlass: 17.30 Uhr; 1. November bis 15. November: sonn- und feiertags von 10.00–18.00 Uhr, letzter Einlass: 17.30 Uhr

HALTESTELLE: Rathaus Westerheim (Bus 7646 von Bad Urach Richtung Westerheim Rathaus)

WINNENDEN

NACH SANTIAGO PILGERN

Jakobusaltar in der Schlosskirche

Ehe man die als dreischiffige Basilika errichtete Kirche betritt, kommt man an einer Figur vorbei, die hinter Gittern in einer Aussparung des Turmes sitzt. Ursprünglich war diese Nische für die Totenleuchte gedacht, die den vor der Kirche liegenden Friedhof beleuchtete. Die Bestattungen wurden erst aufgegeben, als sich die Herren im nebenan liegenden Schloss daran störten, dass Begräbniszüge grundsätzlich vor den Fenstern ihres Speisesaals vorbeiführten. Heute sitzt in der Nische der Hl. Judokus von Martin Nierstein. Judokus soll ein bretonischer Prinz gewesen sein, der sich einer Pilgergruppe anschloss, um nicht den Thron besteigen zu müssen. Judokus ist der Patron der Pilger, die Schlosskirche eine Station auf dem Jakobsweg nach Santiago. Der Hochaltar der Kirche ist einem anderen Heiligen geweiht, der den Pilgern ebenfalls wichtig ist: Jakobus.

Das Material, aus dem der Altaraufsatz des Hochaltars geschnitzt ist, ist Tannenholz, auf dem die Figuren aus Lindenholz aufgebracht sind. Die Szenen aus dem Leben des Jakobus und Legenden über Jakobspilger haben die Künstler um 1520 in ihre eigene Gegenwart verlegt. Gezeigt wird ein Krimi: Ein Gastwirt steckt einem seiner Gäste aus Ärger darüber, dass dessen Sohn an seiner Tochter kein Interesse zeigt, einen Pokal in den Rucksack. Der Gast wird daraufhin des Diebstahls beschuldigt und gefangen genommen. Statt seiner lässt sich sein Sohn am Galgen hinrichten, wird aber von Jakobus errettet. Als die Eltern dies dem Richter erzählen, glaubt der Richter die Geschichte nicht. Ihr Sohn sei, sagt er, genauso tot wie ein Brathähnchen. Als daraufhin ein vor ihm zubereitetes Grillhähnchen aufflattert, erkennt der Richter, dass er den Falschen verurteilt hat, und lässt den Gastwirt hinrichten.

Im Mittelschrein steht die Skulptur des segnenden Jakobus. Alle Figuren sind sparsam bemalt, Augen, Brauen und Lippen zart getönt. Bemerkenswert sind die kunstvoll geschnitzten, zerbrechlich und elegant wirkenden Baldachine, unter denen die Figuren der Heiligen stehen.

LAGE: Schlosskirche Winnenden, Schloßstraße 50, 71364 Winnenden

ÖFFNUNGSZEITEN: Im Sommerhalbjahr sonntags von 14.00–16.00 Uhr (den Schlüssel gibt es gegen Pfand an der Klinikumspforte).

HALTESTELLE: Winnenden Ringstraße (Bus 335 von Winnenden ZOB Richtung Rems-Murr-Kliniken)

WINNENDEN

TRAIN-SPOTTING

Modelleisenbahnanlage

Wer hat wohl eine Toilette mit Bahnanschluss? Die Schauanlage der privaten Modellbahnvereinigung in Winnenden! Die Züge fahren unter dem Glasboden auch durch das stille Örtchen. Alle anderen Teile der Modellanlage sind weniger still. Man kann Albhörner auf Knopfdruck blasen lassen oder Kirchenglocken läuten.

Nicht nur für Kinder sind die liebevoll gestalteten Miniwelten ein Erlebnis. Sie sind durchdacht bis ins kleinste Detail. Auf einem Rummelplatz bewegen sich die Schiffschaukeln, und ein Riesenrad dreht sich. Mitten auf einer Straße ist ein UFO gelandet, aus dem kleine grüne Männchen ausgestiegen sind. Die Polizei bemüht sich um eine Verständigung mit ihnen. Vor einem rot beleuchteten Bordell stehen lässig bekleidete Prostituierte und interessierte Freier. Anderswo wird gerade ein Papstbesuch erwartet, Reporter sind schon zur Stelle. Eine Trauergesellschaft ist unterwegs zum Friedhof. Ein Storch umkreist das Nest, in dem seine Jungen sitzen, Bergbauern mähen traditionell das Gras, ihre Sensen bewegen sich im Takt. Öffentliche Busse sind ebenso unterwegs wie ein Lkw, der Fenster transportiert. In Alt-Arnheim steht in Größe H0 nachgebaut ein originalgetreuer Winnender Torturm. 100 Stunden Arbeit stecken allein in diesem Modell.

Die eigentliche Modellbahn, die von Hobbyeisenbahnern gesteuert wird, gerät bei all den zu entdeckenden Szenen beinahe in den Hintergrund. Es läuft kein Programm ab, sondern die Dispatcher regeln an ihren Pulten je nach Lust und Laune, welche Züge sie auf den 4,5 km verlegten Gleisen fahren lassen. Fünf Bahnhöfe werden angefahren. In Wilhelmsburg starten mit echtem Dampf alle kohlebetriebenen Lokomotiven. Der Bahnhof bietet 80 Loks Platz. Ein Bahnhof ist wohl im Umbau. Eine Menschenmenge hat sich zu Protesten versammelt und fordert auf Transparenten »Weiterbauen!«, während an den Gleisen ein durchgestrichenes Holgersdorf21 augenzwinkernd den Streit in der Landeshauptstadt aufgreift.

Besonderheit: Auf einem der Züge ist eine Kamera angebracht. Ihre Aufnahmen werden auf einen Monitor übertragen – so lässt sich die Strecke quasi aus dem Führerstand bewundern.

Und wenn man schon mal dort ist:
In der Süßwarenfabrik Sadex kann man im Werksverkauf Bruchbrausestäbchen günstig erstehen.

LAGE: PMW, Daimlerstraße 12, 71364 Winnenden

ÖFFNUNGSZEITEN: Mitte November bis Mitte Januar: sonn- und feiertags von 10.00–16.00 Uhr, ausgenommen 24. und 25. Dezember. Weitere Öffnungszeiten unter www.pmw-winnenden.de

HALTESTELLE: Lange Weiden (Bus 332 vom ZOB Winnenden Richtung Hanweiler)

WINNENDEN

ABENTEUER-GOLFEN

Schwabenalm

Eisstockschießen folgt ähnlichen Regeln wie Boule bzw. Petanque. Es geht darum, mit Würfen einem Ziel möglichst nahe zu kommen – und so wie das Schweinchen beim Boule kann auch beim Eisstockschießen das Ziel selbst, ein Daube genannter Gummiring, verschoben werden. Von November bis Februar kann man diesem im Alpenraum verbreiteten und oft auf zugefrorenen Bergseen betriebenen Sport auf zu vermietenden Kunsteisbahnen nachgehen. Spielen in Stöckelstiefeln ist verboten, Löcher im Kunsteis sind unerwünscht. Sogar im Winter kann man draußen sitzen, sich an Feuern in Fässern wärmen und eine heiße Schokolade serviert bekommen.

Alpin und urig ist auch die Schwabenalm eingerichtet, ein zweigeschossiges Restaurant mit Schaffellen auf den Sitzbänken, Löchern in Herzform in den Stuhllehnen, Deckenleuchtern aus Hirschgeweihen und einem durch Massivholz geprägten Blockhauscharme. Hier wärmt sich, wem es draußen zu frostig ist – der künstliche, gemauerte Kamin in der Raummitte wirkt zumindest wärmend. Zu essen gibt es etwa Wildschweinbraten mit Klößen und aromatisch gewürztem Rotkraut, Schweinebäckle mit Spätzle und Trollingersößle, aber auch vegetarische Gerichte und üppige Salate.

Bei trockenem Wetter im Winter und im Sommer stehen Adventure Golfbahnen zur Verfügung. Adventure Golf ist ein Mittelding zwischen Golf und Minigolf. Es gilt, Hindernisse zu überwinden und zu umspielen, doch das Feld ist größer als beim Minigolf. Adventure Golf ist auch für Kinder geeignet.

Stärken können sich die Spieler nach dem Match, indem sie sich unter hellbeigen Sonnensegeln in die bequemen Bambussessel und breite holzgezimmerte Liegen der zugehörigen Bamboolounge fläzen und einen Erdbeer-Caipirinha, eine Maß Bier oder einen Eiskaffee genießen.

Und wenn man schon mal dort ist: Vor dem Wunnebad entsteht jeden Winter eine 1.000 m^2 große Eisfläche. Unter freiem Himmel lässt es sich hier schön Schlittschuhlaufen.

LAGE: Schwabenalm Winnenden, Albertviller Str. 49, 71364 Winnenden

HALTESTELLE: Wunnebad (Bus 334 vom ZOB Winnenden Richtung Schelmenholz)

WINNENDEN

LÖSCHEN LERNEN

Feuerwehrmuseum

Das Feuerwehrmuseum in Winnenden zeigt auf 2.000 Quadratmetern eine heiße Ausstellung! Das Thema Feuerwehr wird umfassend und begeisternd beleuchtet. Natürlich gibt es eine Vielzahl an Pumpen, Spritzenwagen und Feuerleitern zu sehen, eine Halle ist eigens für hervorragend restaurierte Feuerwehrautos reserviert. Besondere Schmuckstücke sind ein Benz Gaggenau, Bj. 1924, und der zum Feuerwehrfahrzeug umgebaute Bulli der Rudersberger Feuerwehr. Das Museum bemüht sich insgesamt um einen regionalen Bezug. Viele der Exponate stammen aus dem Umland, bis auf die Mützen- und Helmsammlung, die umfangreichste Deutschlands, und einen Schaukasten mit Feuerwehrabzeichen aus der ehemaligen DDR.

Erst beim Museumsbesuch wird einem die Vielfalt der Aufgaben bewusst, die die Feuerwehr bewältigt. Man kann Feuermelder bestaunen, die nutzlos wären ohne die ebenfalls ausgestellte Fernmeldetechnik. Es gibt Analysegeräte zum Prüfen von Gasen zu sehen, ein Nachtsichtgerät, Feuerlöscher, Einreißhaken und Objekte aus dem Katastrophenschutz. Ein ganzer Raum zeigt, wie Sandsäcke bei Überflutungen gestapelt werden und wie Passagiere nach Unfällen aus Autos geschnitten werden.

Die Ausstellung macht Lust darauf, sich bei der Freiwilligen Feuerwehr zu engagieren, wobei auch gezeigt wird, wie gefährlich es ist, anderen zu helfen. Es werden angebrannte Schutzanzüge, durch Hitze zerschmolzene Helmvisiere und Atemschutzmasken gezeigt.

Historisch sehr gut rekonstruiert ist der ebenfalls im Museum eingerichtete Luftschutzraum mit Geräten aus dem Zweiten Weltkrieg, mit dem an die Bombennächte erinnert wird. Zwei Puppen in Lebensgröße sitzen auf einem Bett neben dem Volksempfänger. Im Raum befindet sich ein Anschlag mit einer Rüge an alle, die nicht ausreichend verdunkeln, und der zynische Ratschlag, man solle Ruhe bewahren, um nicht zu schnell die Atemluft zu verbrauchen.

Das Museum wird von ehemaligen Feuerwehrleuten betreut, die selbst die Fragen beantworten können, die der Audioguide offenlässt.

LAGE: Feuerwehrmuseum Winnenden, Karl-Krämer-Str. 2, 71364 Winnenden

ÖFFNUNGSZEITEN: samstags und sonntags von 10.00–12.30 Uhr, ausgenommen an Feiertagen.

HALTESTELLE: Bahnhof Winnenden

WINTERBACH

ENGELN BEGEGNEN

Freie Waldorfschule Engelberg

Bei den regelmäßigen Führungen auf dem Engelberg tummeln sich hauptsächlich mit dem staatlichen Schulsystem hadernde Eltern und ihre Sprösslinge und stellen Fragen zu Mediennutzung, Handyverbot und Eurythmie. Erstaunlicherweise geht es kaum um die Architektur und die Philosophie, die dem Unterrichtsstil zugrunde liegen.

Die Schule verwendet zum Teil Räume des ehemaligen Klosters und Jagdschlosses als Werkräume und Mensa. Die neueren Bauten sind allerdings architektonisch eindeutig geprägt von anthroposophischer Architektur: Das Vermeiden vom rechten Winkel als Grundform, trapezförmige Räume, die spitz zulaufen, runde Säle und abgeschrägte Fenster dominieren das Bild. Wenn man durch die Gänge mit ihren höhlenartigen Versammlungsräumen und ihren symbolischen Gemälden in Pastellfarben auf Sichtbeton geht, kann man sich aber einem Schauder vor dem Mystischen und Magischen und einer Faszination durch diese so ungewöhnliche Architektur kaum entziehen.

Für den Gründer der ersten Waldorfschule in Stuttgart, Rudolf Steiner, ist die Architektur etwas, was unmittelbar auf die spirituellen Kräfte des Menschen wirke. Die Architektur einer Schule sei daher sehr wichtig für die Prägung der in ihr Lernenden. Architektur sei keine Ingenieursarbeit, sondern Ausdruck seelischer Kräfte. »… wenn wir loslösen dieses Kräftesystem von uns und die Materie danach anordnen, dann entsteht die Baukunst.«, sagte Steiner, Architektur ist also eine Art betongewordenes Denksystem.

Dem Architekten Rex Raab, der die neueren Teile der Waldorfschule Engelberg 1967 plante, war es wichtig, die Wände durch farbige Lasuren durchscheinend wirken zu lassen. Das ist ihm gelungen. Es begegnet einem das ganze anthroposophische Pandämonium. Allerorten kämpfen Engel und andere Lichtgestalten gegen Drachen, die Dunkelheit oder böse Geister. Der Besuch lohnt sich, um in eine interessante Ästhetik einzutauchen. Man muss ja nicht gleich die Kinder anmelden.

LAGE: Engelberger Schulverein e. V., Rudolf-Steiner-Weg 4, 73650 Winterbach

HALTESTELLE: Engelberg (Bus 106 von Winterbach Remsbrücke Richtung Esslingen ZOB und 261 von Winterbach Richtung Göppingen); Führungen: www.engelberg.net

WINTERBACH

SCHNÄPPER BEOBACHTEN

Naturschutzgebiet Hirschäcker

Das Problem des Halsbandschnäppers ist sein chronischer Zeitmangel. Er ist ein Langstreckenzieher, der erst im April oder Mai in Süddeutschland eintrifft. Die meisten Nistkästen mit dem von ihm benötigten Einflugloch sind dann schon von Meisen, Sperlingen und anderen standorttreuen Arten besetzt, und der Halsbandschnäpper geht leer aus; dabei schwinden seine Brutchancen, wenn er keinen Raum findet, der seinen Bedürfnissen entspricht. Er schafft auch bei sofortigem Einzug in einen Nistkasten nur eine Brut pro Jahr, denn er hat es, wie gesagt, immer eilig und muss schnell wieder los. Von August bis September zieht der Schnäpper in das zentrale und südliche Afrika.

Ursprünglich brütete er in alten Spechthöhlen in Auenwäldern, doch da deren Zahl zurückgegangen ist, hat er sich auch mit Streuobstwiesen und aufgehängten Nisthilfen arrangiert. Er brütet in Deutschland an einigen Flussauen in Bayern und eben in den Streuobstwiesen des Remstals, die für den Erhalt der Art wesentlich sind. In den Wiesen um Urbach, Haubersbronn und Winterbach ist die Chance, ihn zu erspähen, recht groß. Die Jungen füttert der Halsbandschnäpper vorwiegend mit Raupen und Larven. Er selbst jagt für sich von einem Ansitz aus nach Käfern und anderen Fluginsekten.

Im Naturschutzgebiet Hirschäcker sind noch mehr Vogelarten anzutreffen: Grün- und Grauspechte, Schwarz- und Kleinspechte, der Wendehals, der Baumpieper und der Gartenrotschwanz. Das Gebiet durchfließt der tief in den Keuper eingeschnittene, romantisch über Kieselsteine plätschernde Mönchsklingenbach. Das Bächlein bietet dem leuchtend gelbschwarz gemusterten Feuersalamander und den zahlreichen auf sauberes und schnell fließendes Wasser angewiesenen Insekten gute Lebensmöglichkeiten. Mit alten, extensiv genutzten, landschaftstypischen Streuobstwiesen, mit mehreren Feuchtflächen und einem Waldtrauf mit altem Baumbestand aus Eichen, Eschen, Hainbuchen, Bergahorn und Erlen wurden die Hirschäcker 1986 unter Naturschutz gestellt.

Man erreicht das wunderschöne Naturschutzgebiet im Remstal von Winterbach aus zu Fuß über den Ahornweg und den Bücklensweilerweg, der nach den letzten Häusern als Feldweg entlang des Mönchsklingenbachs in Richtung Wald führt. Die Wiesen dürfen betreten werden, doch ist das Pflücken oder Ausgraben von Pflanzen verboten.

LAGE: Naturschutzgebiet Hirschäcker, 73650 Winterbach

HALTESTELLE: Winterbach (S2 von Stuttgart Richtung Schorndorf)

IMPRESSUM

1. Auflage 2019

Umschlaggestaltung: Anette Wenzel, Tübingen.
Layout und Satz: Silke Schüler, München.
Lektorat: Ulrike Burgi M.A., Köln.

Printed in Europe: Florjancic Tisk

ISBN 978-3-8425-2142-1

Bildnachweis: Alle Bilder stammen von der Autorin Ute Friesen, bis auf: S. 101: ©Stauferfalknerei; S. 145 ©Gaupp'sche Apotheke, Familie Gamm; S. 161: ©Simigolf, simigo GmbH; Pixabay: S. 33, 102, 125 (©Sven Hilker), 177; wikimedia commons: S. 61 (©Muck), 130 (©Pavlen666), 134 (©Ecelan), 205 (©Dr. Eugen Lehle), 217 (©Frank Vassen).
Der Verlag dankt allen Bildgeberinnen und Bildgebern.